Pleterski / Habinger

WOHNEN MIT ALLEN SINNEN

Friederun Pleterski
Renate Habinger

Wohnen mit allen Sinnen

Leben im Dialog mit der Natur

EDITION GRÜNE ERDE IM VERLAG CHRISTIAN BRANDSTÄTTER

Inhalt

Wohnen heißt schlafen, duschen, kochen, essen, kommunizieren, lesen, musizieren, Radio hören, erwachsen werden, alt werden, zu zweit sein, allein sein, Frieden finden, Mensch sein. Daheim sein.

Wohnungen sind wie ein offenes Buch. Sie erzählen Geschichten, und sie kehren das Innere ihrer Bewohner nach außen. Es ist ein Unterschied, ob sich jemand unter einem Berg verstaubter Erinnerungen vergräbt, schwere Möbel liebt oder leichte, ob er Raum braucht, Luft, Licht und Sonne. Aber auch, ob er falsche oder echte Antiquitäten hat oder sich eine Wohnung „von der Stange" einrichtet, womöglich im Sonderangebot. Niemand kann sich hinter seinen Möbeln verstecken. Worauf es ankommt, hat nichts mit der Brieftasche zu tun, sondern mit Aufmerksamkeit, Liebe zum Detail und der Bereitschaft, die Veränderungen des Lebens auch in der Wohnung zuzulassen. Wer sich und die Seinen mag, beschäftigt sich mit seiner Wohnung.

Spannend wird das Einrichten dann, wenn Menschen mit verschiedenem Temperament und Geschmack zueinanderfinden. Dann findet es nicht mehr in der Single-Behausung statt, in der sich alles auf einen einzigen Menschen bezieht. Dann gilt es, Höhlenliebhaber und Gipfelstürmer, Fluchtmenschen und Kämpfernaturen, Leisetreter und Showmaster gleichermaßen zufriedenzustellen. Dann wird eine Wohnung oder ein Haus abwechselnd Höhle und Ausguck, Zufluchtsort und Bühne sein, eine kleine Welt, in der man sich wohl fühlt, ohne daß es langweilig wird.

Wie aber schafft man ein ideales, veränderbares, gleichzeitig Kontinuität und Sicherheit verkündendes Ambiente? Nun, man vertraut seinen eigenen sechs Sinnen. Dieses Buch macht Mut dazu. Und es hilft auch, aus der alten, wiederentdeckten chinesischen Weisheit des Feng-Shui jene Tips herauszufiltern, die für ein westliches Leben brauchbar sind. „Wohnen mit allen Sinnen" erklärt, *warum* man sich wohl fühlt, Feng-Shui beschreibt, *was* man *wie* tun muß, um sich wohl zu fühlen.

Begriffe wie Unterbewußtsein, Psyche, Gefühl, Sinnlichkeit, etwa die Bedeutung der Düfte im Wohnen, kommen im Feng-Shui nicht vor; dort geht es mehr um den Umgang mit verschiedenen Energien, um den Einfluß der Gestirne und das Gleichgewicht zwischen Yin und Yang. Aber sowohl der sinnliche als auch der energetische Zugang zum Wohnen beruht auf einem intensiven Studium der Natur. Beide Theorien führen oft zu gemeinsamen Erkenntnissen; diese mit Hilfe von nützlichen Tips aus Ost und West zu vermitteln, ist das Ziel dieses Buches.

Friederun Pleterski

Wohnen mit der Natur

Alles, auch die Natur, hat zwei Seiten. Sie ist nicht immer freundlich, im Gegenteil. Wenn wir also sagen, wir wohnen „naturnah", dann flunkern wir ein wenig, nutzen wir doch bloß den idyllischen Aspekt der Natur. Ob es nun die alten Römer waren, die ihre Villen an die sanften, weinbewachsenen Hänge Latiens bauten, oder die ersten Sommerurlauber, die sich an den Seeufern des Salzkammerguts niederließen: sie alle wählten ideale Orte. Beschützt von einem Hügel, am Ufer eines Gewässers oder am Rande eines Parks wohnt der Mensch in Harmonie mit der Natur.

Idyllisch ist das Weiche, das Runde, das Schützende, das Sanfte, das nicht sticht und nicht kratzt und niemandem auf den Kopf fällt. Idyllisch ist die Lichtung und nicht der Urwald, das Ufer des Stausees und nicht der Platz unter der Staumauer.

Die innere Stimme führt uns an den besseren Ort. Folgen wir ihr, hin zu den Wiesen, in blühende Gärten und gepflegte Wälder. Dort werden wir glücklich sein, und dort sollten wir uns genau umsehen, wenn wir ein Vorbild für die Gestaltung unserer Wohnung oder unseres Hauses suchen.

Fernöstliche Harmonie

Feng-Shui gilt als fernöstlicher Weg zur Ausgewogenheit des Familienlebens im eigenen Haus. Dazu gehören auch die Gesundheit, das Lebensglück und der finanzielle Erfolg des einzelnen, seiner Vorfahren und Nachkommen (finanzieller und beruflicher Erfolg werden gleichgesetzt).

Alles im Leben hat mit Energie zu tun. Welcher Art diese Energie ist oder gar, warum sie fließt, ist nicht Gegenstand der Betrachtungen des Feng-Shui. Es gibt sie eben, und sie fließt zwischen Himmel und Erde, zwischen belebten und unbelebten Dingen, zwischen Menschen und ihrer Umgebung, zwischen Häusern und Himmelsrichtungen, zwischen Elementen und Dingen und vor allem zwischen Yin (weiblich) und Yang (männlich).

Diese Lebensenergie heißt Ch'i. Ob sie fließen kann oder nicht, hängt vor allem von der Position der Dinge im Haus und von der Position des Hauseingangs und anderer Hausöffnungen ab. Feng-Shui-Meister können diese Positionen berechnen. Man kann das Ch'i aber auch spüren. Ein Ohrensessel, den man zu seinem Lieblingsplatz erklärt, hat vermutlich ein sehr gutes Ch'i, er hat einen schützenden Rücken und bietet einen guten Ausblick. Eine Wohnung, auf die man sich freut, wenn man die Arbeit beendet hat, hat ebenfalls ein gutes Ch'i. Ist dies nicht der Fall, so kann man durch Umstellen der Möbel, durch Pflanzen, Spiegel und Kristalle den guten Energiefluß fördern und den schlechten hemmen, umleiten oder abstellen. Dazu bedarf es bei komplizierten Fällen der Konsultation eines Feng-Shui-Meisters. Einfache Beispiele finden Sie in unserem Buch.

TIP WEST

Ein Vordach über der Haustüre, ein überdachter Aufgang, führt den Menschen ins Haus. Beide leiten seinen Weg, schützen ihn vor Regen und bereiten ihn vom Draußen auf das Drinnen vor.

Harmonische Übergänge

Schöne Felder sind von blühenden Büschen umgeben, ein guter Acker grenzt an einen bewachsenen Hang, und erst anschließend an dieses sanfte Zwischenreich zwischen Natur- und Kulturlandschaft breitet sich die Wildnis aus.

Auch die Umgebung eines Hauses sollte fließend in die Natur oder in die öffentliche Architektur übergehen. Zwischen dem Haus und der „Wildnis" sollte es einen Bereich geben, in dem sich Natur und Kultur harmonisch ergänzen.

Wie hübsch ist es, wenn Wege, die zum Haus führen, nicht schnurgerade und vom Grün messerscharf abgeschnitten sind, sondern wenn sie ein wenig geschwungen verlaufen und ihre Ränder von Gewürzstauden, Mooskissen oder Blumen eingefaßt werden! Wie Balsam ist es, wenn zwischen Terrassensteinen oder Pflastersteinen kleine Inseln aus Gras sprießen, vielleicht Margeriten oder Glockenblumen. Der Anblick von Zäunen, die mit Rosen oder Duftwicken bewachsen sind, macht ebenso glücklich wie ein mit Blumen übersäter Balkon oder ganz einfach ein Blumenfenster.

TIP OST

Wenn man den Fluß fließen läßt, sucht er sich sein Bett in Mäandern. Auch die positive Lebensenergie fließt wie ein Mäander auf das Haus zu. Nie sollten die Wege zum Haus geradlinig verlaufen!

Teppiche
können Abbilder
paradiesischer
Gärten sein.

TIP WEST

ZWISCHENLAND IM WOHNBEREICH

„Zwischenland" macht die Landschaft, auch die Wohnlandschaft, weicher. Der Anteil des „Zwischenlands", also der sanften Übergänge, an der gesamten Wohnlandschaft sollte aber nicht größer sein als in der kultivierten Natur. Dort ist ja auch ein Feld viel größer als der Saum der Büsche, der es umrandet. Verwenden Sie Ornamente, Bordüren und Fransen, aber nicht zu üppig. Runden Sie die Kanten ab, aber übertreiben Sie nicht.

Zwischenland in der Wohnung

Auch innerhalb der Wohnung kann man Zwischenbereiche schaffen. Sie machen die Umrisse natürlicher und weicher und das Leben angenehm. Die idyllische Natur kennt keine scharfen, schnurgeraden Trennlinien.

Wenn Teppiche Fransen haben, so bilden diese Fransen einen Übergang zwischen Teppich und Boden; ein Teppich ohne Fransen wirkt meist wie auf den Boden „hingeknallt". Nahezu ein Abbild der Natur ist ein handgeknüpfter Teppich mit einem Gartenmotiv, umgeben von einer Bordüre und an den Knüpfenden ausgefranst.

Bordüren an Polstermöbeln zwischen dem Holz und der Tapezierung lassen scharfe Trennlinien vermeiden. Auch zarte Ornamente können die Übergänge zwischen Holz und Stoff, Stein und Stein, Mauer und Holz sanfter machen.

TIP OST

DER HAUPTEINGANG

Ein Hauptanteil der Lebensenergie Ch'i fließt durch den Haupteingang ins Haus. Liegt er an der falschen Stelle, ist er ungepflegt oder wird der Energiefluß durch Möbel im Inneren oder Gerümpel außen verstellt, so bringt das Unglück. Haustore sollten symmetrisch und großzügig und nicht aus Glas sein. Vor dem Haustor sollte eine Stufe sein, links und rechts sollten Pflanzen mit rundem Umriß stehen. Den besten Einfluß auf das Leben der Bewohner hat der Hauseingang, wenn er im Süden liegt und rot oder grün gestrichen ist; weitere gute Himmelsrichtungen sind Südwesten und Westen; der Osten und Südosten, der Norden und Nordosten bringen Unglück.

Die Farben der Natur

Es gibt mehr Farbtheorien als Farben. Vergessen wir die Theorie, machen wir ganz einfach einen Spaziergang durch die Natur, die Stimmungen, Jahreszeiten und Details, durch die Tierwelt und das Pflanzenreich. Fragen wir: In welcher Landschaft möchte ich leben? Welche Stimmung ist angenehm? Welche Pflanzen sprechen mich an?

Karibischer Strand

Die Farben des Himmels und des Wassers sind Schwarzblau, Hellblau, Türkis, Smaragdgrün; manchmal ziehen dunkelgraue, fast schwarze Regenwolken auf. Der Strand ist gelbweiß, beigegelb, dunkelgelb. Diese Urlaubslandschaft kann Vorbild für die Farbgebung eines eleganten Salons, eines großzügigen Wohnzimmers sein.

Sonnenaufgänge Sonnenuntergänge

Sie enthalten ein breites Spektrum der Farben Lachs, Lachsrosa, Rosa, Pastellila, Gelb, Rot, Rotorange bis Dunkelblau. Familienwohnräume, vorwiegend aus heimischen Hölzern gezimmert, die meist gelblich bis rötlich gefärbt sind, vertragen dieses Farbspektrum, zu dem man ein sattes Tannengrün als Gegengewicht auf den Teppichboden legt, das bringt Ruhe in die Sonnenuntergangsstimmungen.

Herbst

Die Herbstskala enthält alle Schattierungen von Braun, Rot, Orange, Rotbraun, Grau, Graubraun, Beige, Grün, Grüngelb. Diese Farben sind warm und freundlich, sehr geeignet für Familien-, Wohn- und Spielräume. Zur Herbstskala paßt die Holzskala der europäischen Holzarten in ihrer ganzen Breite von Elfenbein (Ahorn) bis Schwarz (gebeizt).

Wolkenverhangener Himmel

Wolkenstimmungen enthalten die komplette Grauskala, mit ihr verbindet man die nebeldurchzogene Novemberstimmung und den Dauerregen. Die Farben reichen von Weiß, Hellgrau, Dunkelgrau bis Schwarz, dazwischen gibt es auch zartlila, zartrosa oder zartgrün. Diese Farben wirken elegant, kühl, sachlich und sind für städtische Wohnräume geeignet, die auch als Empfangs- und Büroräume dienen.

Glühendes Metall

Wenn Eisen zur Weißglut gebracht wird, dann reichen die Farben von Schwarz über Rotglühend und Orangegelb zu Weiß. Geeignet sind diese Farben für rustikale Wohnräume, in denen ein Kamin steht, in dem Ziegelboden, Schmiedeeisen und Felle Platz haben und relativ viele rauhe Oberflächen vorhanden sind. Gibt man den Farben Schwarz, Weiß, Rot eine glänzende Oberfläche, so fällt der rustikale Eindruck weg. Einfache, eventuell auch leicht beschädigte Tische und Stühle vom Trödelmarkt kann man schwarz lackieren, die Sitzflächen der Stühle mit schwarzweißem Schachbrettmuster beziehen.

CHICKEN

TIP WEST

Der prächtige goldene „Herbst" färbt am besten den großen Wohnraum, das zarte „Schneeglöckchen" paßt besser ins Mädchenzimmer. Fragen Sie sich immer: Kommen Farben in der Landschaft als großräumiges Stimmungsbild vor oder im Detail, im kleinen? Wenn sie die Antwort gefunden haben, wissen Sie auch, welche Farbe in welches Zimmer paßt.

Man kann weiße Spitzenvorhänge verwenden und mit frischen Blumen in glanzlackierten Tongefäßen einen roten, gelben oder orangefarbenen Akzent setzen. Ein kleiner Wohnraum kann auf diese Art individuell und preiswert eingerichtet werden.

Vergilbtes Papier

Auch ein Stück vergilbendes Papier ist Natur. Es enthält alle Schattierungen von Weiß bis Beige. Wenn Sie an einen Wohnraum ganz in weiß denken, so können Sie sich ein solches Stück vergilbendes Papier vorstellen und die Schattierungen durch Textilien und Anstriche erreichen. Dadurch wird dieser Raum lebendig. Er wirkt weitläufig und eignet sich besonders zur Präsentation von Antiquitäten, Kunst und Kunsthandwerk.

Lauch, Kopfsalat, Spargel

Die Skala dieser Pflanzen reicht von Weiß über Hellgelb zu Hellgrün und Dunkelgrün. Es sind junge, frische Pflanzen, ihre Farben wirken jugendlich, sind hübsch für Ferienhäuser, Gästezimmer, Jugendzimmer. Gut dazu passen Akzente in reinen, leuchtenden Farben, vorzugsweise Rot. Denken Sie sich eine appetitlich angerichtete Schüssel mit grünem Salat und einigen Radieschen oder Tomaten.

Locken, warnen, tarnen

Wozu haben die Tiere Farben? Sie brauchen sie zum Balzen, aber auch, um sich zu tarnen. Bunt, leuchtend, grell, auffallend gemustert sind Tiere auch, wenn sie angriffslustig oder auf „Kriegspfad" sind, wenn sie vor sich warnen und sagen: „Gib acht, ich bin giftig!" Tarnfarben hingegen tragen Tiere, die aus dem Hinterhalt angreifen, die schwach sind und sich selber schützen müssen, oder die Junge aufziehen.

Die Tierwelt spricht also eine verständliche Farbensprache. Und diese Sprache gilt auch in der Welt der Menschen. Sie ist nicht nur bei den sogenannten „Primitiven" üblich, die sich bemalen oder tarnen und durch Farben, oder Schmuck dem Gegenüber genau signalisieren, in welchem Zustand sie sind. Auch Menschen, die sich für höchst zivilisiert halten, sprechen die Farbensprache. Denn was ist der graue Flanellanzug anderes als eine Tarnung in der Büro- und Stadtwelt? Oder was sind Orden

TIP OST

HAUSTORE UND DIE FARBEN IHRER HIMMELSRICHTUNGEN

Die Farbe für das Haustor soll immer glänzen, so wie der Türknauf. Warme, erdige Farben wirken einladend. Andere Farben für glückbringende Haustore sind außer „Naturholz" grün und rot (für den Süden), gelb und orange (für den Westen), blau und grün (für den Osten), blau für den Norden (wo sich der Haupteingang eigentlich nicht befinden sollte).

Farblich auffällige Interieurs können aufregend sein, sie wirken wie eine Dauerbalz. Sie wirken ermüdend und man hält sie nicht lange aus. Einzelstücke jedoch, z. B. ein roter Lederdiwan, haben ihre Reize und können zu Lieblingsmöbeln werden.

Tarnen im Wohnbereich: Unansehnliches – z. B. Heizkörper – „verschwindet“, wenn man es in derselben Farbe wie die Wand dahinter streicht.

TIP WEST
HEIZKÖRPER TARNEN

Heizkörper werden meist in Weiß geliefert. Wenn man sie eine Nuance dunkler als die Farbe der Wand lackiert, sieht man sie kaum. Vor astreichen Holzwänden, z. B. aus Kiefer, kann man sie schwarzglänzend lackieren.

TIP WEST
LEITUNGEN TARNEN

Häßliches (z. B. nachträglich angebrachte Leitungen) läßt sich tarnen, indem man das zu Tarnende in der Farbe der Umgebung streicht, und zwar um eine Nuance dunkler, denn Helles tritt optisch vor, Dunkles tritt optisch zurück.

TIP WEST
TECHNIK TARNEN

Haushalts-, Radio- und Fernsehgeräte sollten stets einsatzbereit sein. Es hat keinen Sinn, sie hinter Schranktüren zu verstecken, besser ist es, sie optisch unsichtbar zu machen. Die Farben Weiß und Schwarz sieht man nicht, vor allem dann, wenn sie spiegelnd glänzen.

◆ Kaffeemaschinen sind am unauffälligsten, wenn sie schwarz glänzen. So können sie auf antiken Kommoden stehen, ohne unangenehm aufzufallen.

◆ Fernsehgeräte und Stereotürme in schwarzglänzendem Design braucht man hinter keiner Schranktür zu verstecken.

◆ Küchensklaven wie Mixer, Entsafter usw. sollten weiß sein; in der Küche wirkt Weißes immer frisch.

auf stolzgeschwellter Brust anderes als Balzutensilien? Und das rote Kostüm? Schwarze Raben, graue Mäuse, Paradiesvögel und seltenes Getier bevölkern die Menschenwelt.

Auch Feste werden durch Farben angekündigt. Denken Sie an Weihnachten, daran, wie es früher in Europa war. Weihnachten war weiß und grün, dazu kam silberner Glanz. Weihnachten war ein friedliches Lichterfest. Heute ist Weihnachten knallrot mit ein wenig Grün. Rot ist die Farbe der Aggression, der Werbung, der Blickfänge, des Konsums. So drückt sich der Wandel, den das Weihnachtsfest in den letzten fünfzig Jahren mitgemacht hat, auch in den Farben aus.

Leuchtende Farben

Leuchtkräftige, reine Farben gibt es in der Natur bei den Blüten und den reifen Beeren. Erdbeeren oder Pfifferlinge sagen „nimm mich" oder „iß mich", der giftgrüne Pfeilfrosch aber spricht: „Rühr mich lieber nicht an!" In Relation zu den gemischten Farben, etwa zum graublauen Himmel, zur braunen Landschaft, zum Wald in verschiedenen Grüntönen, gibt es in der Natur sehr selten reine Farben. Strebt man für einen Raum eine natürliche Farbgebung an, so verwendet man eine sehr helle, pastellige Grundfarbe und die reinen Farben nur als Akzent.

Alles, was grell und bunt ist, fällt auf, man sollte es beim Gestalten also mit Zurückhaltung und gezielt einsetzen.

So nützen Sie die Tarnfarben

Vor lauter Farbangst neigen viele Menschen dazu, ihre Wohnungen durchgehend in Tarnfarben einzurichten. Solche Wohnungen sind wie grüngraubraune Saucen, die sich auch über die Bewohner ergießen. Dabei können Tarnfarben nützlich sein, wenn man sie z. B. verwendet, um Häßliches verschwinden zu lassen.

Euro-Grau z. B. ist eine hervorragende Tarnfarbe; es hat die Eigenschaft, nicht im Gedächtnis haften zu bleiben und eignet sich daher bestens zur Tarnung technischer Geräte.

Natürliche Materialien

Sie kommen aus der Natur und haben eine gemeinsame sympathische Eigenschaft: sie altern mit Charakter, und viele werden beim Altern nur noch schöner, was man von Plastik und Kunststoffen nicht behaupten kann. Empfehlenswert sind: neues Holz, altes Holz, Sperrholz, Hanffasern, Kautschuk, Kork, Linoleum, Sisal, Kokosfaser, Gummi, unbehandelte Ziegel, Marmor, Stein, Bruchstein, Kalkanstriche, Naturharze, Gräser und Zweige.

Es gibt zwei Möglichkeiten, mit Naturmaterialien umzugehen. Die eine besteht darin, daß man sie natur beläßt und ihre Eigenschaften optimal nützt, die zweite, daß man sich nicht weiter mit ihren Eigenschaften beschäftigt, sondern sie technisch und chemisch verändert, um aus ihnen etwas angeblich viel Besseres, Schöneres und Edleres zu machen. Interessant für naturnahes Wohnen ist bloß die erste Möglichkeit.

TIP WEST
Unlackiertes, unbehandeltes Flechtwerk stellt man, wenn es staubig ist, einfach unter die Dusche.

Weidenruten, Haselnußruten, Schilf, Bananenblätter, Gräser haben bestimmte natürliche Eigenschaften, Stärken, Längen. Man kann aus ihnen Körbe und Stühle flechten oder eine hübsche Wand. Aber nicht mehr. Das Material hat seine Grenzen, und das ist wunderbar. Es verhindert die grenzenlose Selbstverwirklichung des Hand- oder Heimwerkers. Aus diesem Grund sind einfache Möbel aus Naturmaterial fast immer sympathisch und schön.

Holz ist wie Pinocchio

Holz ist der ideale Wohn-Stoff. Holz hat eine begrenzte Lebensdauer, ist verrottbar, einfach zu reparieren und pflegeleicht und wird mit zunehmendem Alter und nach längerem Gebrauch nicht schäbig, sondern interessant. Vergleichen Sie es mit Kunststoff: der wird nach einiger Zeit zum Wegwerfprodukt.

Mehr als jedes andere natürliche Baumaterial ist Holz dem Menschen ähnlich. Jedes Scheit, jedes Brett, jedes Möbel aus Vollholz ist wie Pinocchio: es ist lebendig, es schwitzt und trocknet aus, es ist biegsam und verletzbar, es riecht – und spricht.

Jede Holzart hat ihre besonderen biologischen und technischen Eigenschaften: Von Natur aus verschieden in Farbe, Gewicht, Geruch, Struktur und Volumen, verändert Holz seine Eigenschaften, wenn es altert:

- Heimische ***Laubhölzer*** dunkeln stärker nach als Nadelhölzer, Exoten bleichen aus. Keine Beize kann den Alterungsprozeß übertünchen – wer Holz einmal beizt, muß es immer wieder tun, denn Holz verändert sich, auch unter der Beize.
- Wenn Fichtenholz frisch ist, ist es elfenbeinfarben, mit den Jahren wird es honiggelb. ***Fichte*** bleibt ein Leben lang dezent gemasert, optisch daher stets im Hintergrund.
- Ganz anders die ***Kiefer:*** Gelblich im Splint und rötlich im Kern, mit

schwarzen, leicht herausfallenden Ästen, dunkelt sie mit der Zeit stark nach und wird löchrig. Sie hat ihren Platz in Hobbyräumen und Kinderzimmern, an der Wand, nicht auf dem Boden.

- Für Bodenbretter liefert die ***Lärche*** das bessere, härtere Holz in ähnlichen Farbnuancen wie die Kiefer. Die Lärche harzt aber stark: Für Sitzmöbel ist sie daher nicht zu empfehlen, wohl aber für sämtliche Außenbauteile.
- Anders die ***Zirbe:*** Sie ist urig, astig und kräftig gefärbt, läßt sich schnitzen, ohne daß die Äste herausfallen, und harzt selten.
- Vielfältig ist die Farbpalette der heimischen Laubhölzer. Bei ihnen trägt die richtige Lagerung einen guten Teil zur Färbung bei. So bleibt ***Ahorn*** besonders weiß, wenn die Bretter im Stehen getrocknet wurden. ***Birne, Buche und Kirsche,*** zunächst rosabraun, werden dunkelrosa. Und die ***Eiche*** ist hellgrau bis dunkelbraun, am dunkelsten die ***Nuß. Linde, Birke und Pappel*** bleiben elfenbeinfarben, sind leicht zu bearbeiten und anspruchslos.
- Hölzer sind fein- bis grobporig und fühlen sich auch nach dem Hobeln ganz unterschiedlich an. ***Birne*** z. B. ist sehr hart, greift sich aber weich und glatt an, ***Eiche*** ist hart und hat leichte Rillen.
- Holz, ein „warmes" Material, ist je nach Holzart verschieden temperiert; Fichte ist am wärmsten und Eiche am kältesten. Wer ein angenehmes Wohnklima schaffen möchte, wird also dort, wo der Mensch direkt mit dem Holz in Berührung kommt (beim Stuhl, auf der WC-Brille, beim Handlauf im Stiegenhaus), möglichst warmes Holz verwenden.
- Hartes Holz ist schwerer als weiches. Schon aus praktischen Gründen sollten bewegliche Möbel wie z. B. Stühle aus leichtem, massive Möbel, die von ihrem Stammplatz nicht wegbewegt werden, aus hartem Holz bestehen.

- Der Duft von Holz ist manchmal sogar heilkräftig, wie bei der ***Zirbe.*** Sie gibt ihr beruhigendes, die Atemwege befreiendes ätherisches Öl in homöopathischen Dosen an die Umwelt ab – deshalb ist sie das ideale Holz für Schlafzimmermöbel. ***Ulme, Esche und Eiche*** riechen säuerlich (und schmecken auch so). Ahorn wiederum ist geruchsfrei, geschmacksneutral und steinhart. Das macht es zum idealen Holz für Arbeits- und Tischplatten in der Küche.
- Holz antwortet auf die Luftfeuchtigkeit. Es knackt und knarrt. Und es wirkt als Resonanzkörper. Im Holzhaus klingen menschliche Stimmen angenehmer als im Betonhaus.

TIP WEST

Die Öffnung der Vase bestimmt die Form des Straußes. Nicht die Qualität der Vase ist maßgeblich für die Wirkung, sondern die Form des Straußes.

- Holz belebt die Sinne – vor allem den Sehsinn. Bei der Kombination verschiedener Holzfarben, Maserungen usw. ist Vorsicht am Platz.

TIP OST

Frische Schnittblumen verströmen kräftigende Yang-Energie, welke Blumen schwächendes Yin. Trockenblumen bringen statt Kraft Leblosigkeit in den Raum.

Pflanzen und Blumen

Ein frischgepflückter Wiesenblumenstrauß, ein Strauß Rosen oder Sonnenblumen machen jedem Freude, ob Mann, Frau oder Kind. Blüten und Grünpflanzen sind aber nur dann schön, wenn man sie pflegt, das Welke durch das Frische ersetzt und die Sträuße liebevoll arrangiert. In jeder Wohnung zieht ein frischer, großzügiger Strauß die Blicke an und wird leicht zum Mittelpunkt, egal, welche Designermöbel oder Antiquitäten in der Nähe stehen.

Aquarium: Als beruhigend empfohlen von Ost und West.

Offenes Feuer – das Urelement in den vier Wänden.

Wohnen mit den Elementen

Im Westen versteht man unter dem Begriff der Elemente die vier Elemente der Antike: Wasser, Feuer, Erde und Luft. Sie sind direkt erfahrbar und real begreifbar. Wer ihnen bewußt begegnet, gewinnt tiefe Einsichten in den Lauf der Natur. Am Lagerfeuer, an der Meeresküste, im Herbststurm und auf dem Waldboden finden wir zu unseren Wurzeln zurück. Diese Kraft der Elemente können wir bändigen und in unsere Wohnung, in unser Haus und unser Leben integrieren.

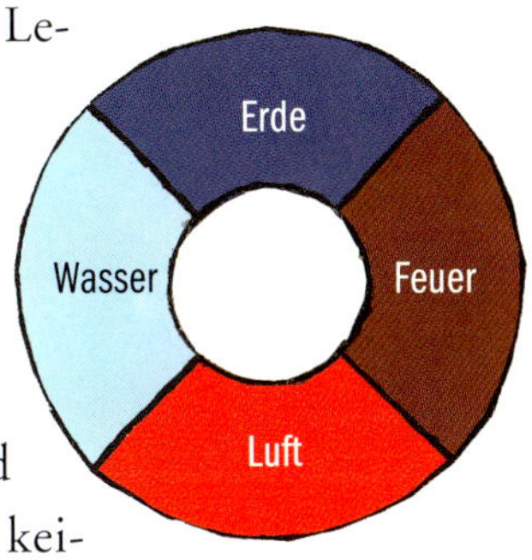

Im Fernen Osten gibt es fünf Elemente: Erde, Holz, Feuer, Metall und Wasser. Sie sind keine realen Substanzen, sondern Symbole für bestimmte Grundeigenschaften der Materie. Jedem Menschen, jeder Himmelsrichtung ist ein Element zugeordnet, und zwischen den Eigenschaften der Elemente gibt es Wechselwirkungen. Sie sind vielfältig, und es bedarf eines Feng-Shui-Meisters, der sie interpretiert. Die vier westlichen Elemente hingegen kann man mit all seinen eigenen Sinnen spüren, und es braucht keiner ein Meister zu sein, um mit Feuer, Wasser, Erde und Luft in den eigenen vier Wänden umzugehen.

TIP WEST

Wenn Sie einen offenen Kamin planen, wählen Sie die Umrahmung so, wie sie Ihnen gefällt, in Marmor, Stein, Holz oder Ziegeln. Das „Loch in der Wand“ braucht einen solchen Rahmen. Es empfiehlt sich auch, ihn in einer anderen Farbe, einem anderen Material als den Boden und die Wand zu gestalten, weil dadurch die Eigenständigkeit des Kamins unterstrichen wird.

Feuer

Als Urelement kommt das Feuer im Kamin zur Wirkung. Dort flackert und knistert es, macht den Geist sprühend und das Herz weit. Feuer im Kachelofen „einzusperren“ ist zwar die vernünftigere Art, Energie zu nützen, ein offenes Feuer hingegen ist viel elementarer.

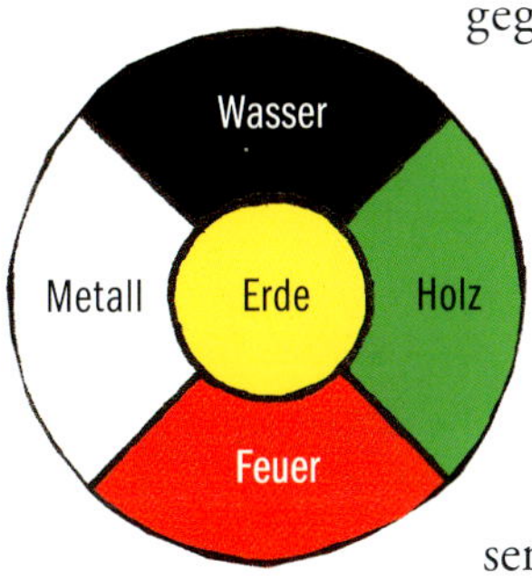

Wasser

Erfrischend und beruhigend wirkt Wasser, wenn es sich bewegt oder ruht, sei es nun in der Natur oder zu Hause. Schon das Rauschen des Wassers, das in die Badewanne fließt, verbreitet Wohlgefühl. Berieselte Skulpturen oder Zimmerbrunnen sind eine Möglichkeit, Wasser, Kunst und Raumklima miteinander zu verbinden. Auch das Aquarium gilt als beruhigendes Wohnelement.

Bad, Dusche und WC

Wie Sie Ihr Bad einrichten, ist Geschmackssache. Möchten Sie ein Wohnbad oder eine Hygienezelle? Oder gar ein Wohn-

TIP OST

Zimmerbrunnen oder Wasserfälle im Garten bringen beruflichen Erfolg und Geld ins Haus. Wichtig ist die Fließrichtung des Wassers: Es darf nicht vom Hauseingang wegfließen. Ein Aquarium bringt Glück.

TIP WEST
WC-PHILOSOPHIE
WC-Muscheln sollten so niedrig sein, daß man auf ihnen nicht wie auf einem Sessel sitzt, sondern hockt. Das ist viel gesünder, da die natürlichere Hockstellung eine bessere Entleerung ermöglicht. Neben dem WC steht ein Bidet, das nicht nur für Damen, sondern auch für Herren gedacht ist. Dadurch erübrigt sich der hohe Papierverbrauch. Toilettenpapier übrigens ist dazu da, daß man es in die Muschel legt, bevor man seine Geschäfte darauf erledigt und, ohne Spuren zu hinterlassen, wegspült.

zimmer mit Badewanne? Warum nicht? Baden hat wenig mit der Reinigung, doch viel mit dem Wohlbefinden, mit Erotik und Kommunikation zu tun. Baden kann man von den Japanern lernen. Sie duschen, bevor sie in die Wanne steigen, und suhlen sich nicht im eigenen Schmutzwasser. In Europa haben die Römer das Baden erfunden und mit dem warmen Abflußwasser die Fußböden beheizt. Die alten Ägypter haben geduscht und mit dem Duschwasser ihre Gärten bewässert. Luxus und praktischer Nutzen schlossen einander also nie aus.

An der Ausstattung der Badezimmer übrigens kann man sehen, ob deren Besitzer ihre Körper mögen – oder nicht. Wo Bidets fehlen, ist es mit der Hygiene nicht weit her, und wo es trotz der Erfindung der Mischbatterie noch immer keine solche gibt, sondern zwei Hähne, aus denen das Wasser gesondert warm und kalt ins Becken fließt, dort wäscht man sich möglicherweise auch nicht allzu gründlich. Sonderbarerweise findet man solche Mechanismen zum Wassersparen eher im Norden als im Süden Europas.

In England gibt es erstaunlich viele Badezimmer, die mit Teppichen auf den Böden und Tapeten an den Wänden versehen sind. Auch das läßt nicht eben auf weitverbreitete Badelust schließen. Im Norden und Nordosten sind Sauna und Bäder oft eine Einheit, und sie sind aus Holz. Eine gemütliche und durchaus praktische Lösung. Bretter können sogar in der Dusche als Wandbekleidung verwendet werden; sie müssen senkrecht verlegt werden, damit das Wasser in Nut und Feder abrinnen kann.

Feng-Shui und die Naßräume

Im alten China lagen Naßräume und Toiletten nicht im Haus oder in der Wohnung, sondern außerhalb. Jetzt, wo sich der westliche WC- und Badekomfort auch im Osten ausbreitet, steht man vor einem Feng-Shui-Interpretationsproblem, fließt doch durch Dusche, Wanne und WC zuviel

TIP OST
BADEZIMMER UND TOILETTEN
◆ WC-Deckel und Ausgußlöcher soll man, außer bei Benutzung, geschlossen halten. Beim Spülen den WC-Deckel schließen und die Toilette nicht gegenüber von Türen positionieren, auch nicht von Schlafzimmertüren.
◆ Abflüsse stehen in Beziehung zur Verdauung und zu den Finanzen. Sie dürfen nicht verstopft sein.

TIP WEST
Fenster bedeuten Luft. Streicht man Fensterrahmen und Leisten in einer anderen Farbe als die Wände, so lenken sie den Blick nach draußen!

Wasserenergie ab. Wasser hat nämlich im Feng-Shui mit Gesundheit und vor allem mit Geld zu tun. Fließt Wasser vom Haus weg, so fließen Gesundheit und Geld ab, bleibt der Dreck im Rohr, dann bleibt schlechte Energie im Haus. Wenn jedes Schlafzimmer, Kinderzimmer und Gästezimmer ein eigenes Bad hat, so bedeutet dies eine Schwächung der häuslichen Lebensenergie, vor allem dann, wenn die Toilette über der Haustür, im Zentrum des Hauses oder gegenüber der Haustür liegt.

TIP WEST
Auch der Himmel ist Luft. Lassen Sie ein kleines Stück Himmel ins Haus, geben Sie Dachfenstern eine Chance.

Erde

Erde in der natürlichen Form gibt es im Haus bloß in Blumentöpfen oder Kräuterkistchen. Glückliche befriedigen ihre Sehnsucht nach Erde im eigenen Garten. Sehr erdig riecht und wirkt ein gestampfter Erdkeller in einem Haus. In ihm halten sich Äpfel, Kartoffeln und Wurzelgemüse von der Ernte bis zum Frühjahr.

Luft

Raum und Licht sind die Hauptkomponenten der Architektur. Beide haben mit dem Element Luft zu tun. Geben Sie Ihrem Haus Luft, also Raum und Licht! Von dieser Luft, diesem Raum zwischen den Wänden, dem Boden und der Decke und den Möbeln, hängt das Raumerlebnis ab. Räume gewinnen, wenn man von einem Raum einen schönen Ausblick in die Natur und von einem Raum in den anderen einen hübschen Durchblick hat.

TIP OST
Luft bedeutet Raum zwischen Objekten. Dieser soll frei sein, weder von Schmutz, Gerümpel noch von anderen störenden Dingen besetzt. Man muß, um angenehm zu leben, Ordnung halten.

Das Gleichgewicht

Das Geheimnis einer Wohnung, in der man sich rundum wohl fühlt, ist die Ausgewogenheit aller Einrichtungselemente und Räume. Dazu gehört auch das Gleichgewicht zwischen offenen Familienräumen und solchen, in die man sich zurückziehen kann.

Alle Gestaltungselemente haben ein wirkliches, aber auch ein scheinbares Gewicht. Die Kunst des Einrichtens besteht im Erkennen von Leichtigkeit und Schwere und im Ausloten dieser Gewichte.

Ein Beispiel: Ein haariger Teppich wiegt mehr als ein Teppich mit kurzem Flor. Damit beide im Gleichgewicht sind, sollte der haarige Teppich eine kleinere Fläche bedecken als der kurzgeschorene.

Mit schweren Farben, Strukturen und Mustern kann man ablenken, Räume enger machen, die Raumhöhe senken, mit leichteren Elementen kann man Räume höher und weiter machen.

TIP WEST

Stellen Sie zwei gleich große Schachteln nebeneinander. Eine Schachtel ist dunkler, eine heller. Zeigen Sie diese Schachteln nun einem Familienmitglied und behaupten Sie, es wäre etwas darin eingepackt. Mit Sicherheit wird man die dunkle Schachtel als die schwerere einschätzen. Möchten Sie z. B. einem Geschenk Gewicht verleihen, dann wählen Sie dunkles Einwickelpapier in einer dramatischen Farbe; damit das nicht zu düster wirkt, nehmen Sie Glanzpapier.

Akzente

Gestalten heißt, die Einrichtung auf die Schale einer Harmoniewaage legen, das Auge mit Hilfe von Anhaltspunkten führen und dem Auge dabei Beruhigung und Anregung zugleich bieten. Gibt es keine solchen Anhaltspunkte (Akzente), dann wirkt eine Wohnung langweilig.

Ein Farbakzent, ein Bild, ein Blumenarrangement bieten Anregung; eine weiße oder pastellfarbene Wand beruhigt. Ein Blumenstrauß vor einer Pastellwand bringt Anregung und Entspannung zugleich.

Akzente kann man mit einer kleinen Menge des Gegenteils setzen:

- in einer pastellfarben matt gehaltenen Wohnung mit glänzend polierten Messingknöpfen, -schnallen oder Lack;
- in einer modern-nüchternen Umgebung mit einer Antiquität;
- inmitten von bläßlichen kleinen Mustern mit einem dunklen, einfarbigen Gegenstand, also einem Schwer-

TIP OST

YIN UND YANG IM GLEICHGEWICHT

Ob es nun Farben, Formen oder Materialien sind, alles ist entweder Yin oder Yang. Zwischen Yin und Yang sollte Gleichgewicht herrschen. In sehr helle, sonnendurchflutete Räume gehören z. B. dunkle, edle Möbel oder ein dunkler Fußboden.

YIN: Dunkles, Passives, Regen, Schatten, blau, grau, schwarz, ungerade Zahlen, die Erde, das Wasser, die Kälte, der Winter, Weiches, der Tod.

YANG: Helles, Aktives, Sonnenschein, rot, gerade Zahlen, der Himmel, die Berge, die Wärme, der Sommer, Hartes, das Leben.

Daß das Symbol nicht aus zwei Hälften, sondern aus zwei geschwungenen Teilen besteht, hat seinen Grund. Im Yang steckt ein wenig vom Yin und umgekehrt. Weibliches und Männliches gehen ineinander über.

punkt, der den Blick auf sich zieht und an einem Ort stehen soll, wo dies erwünscht ist. (z. B. in der Raummitte oder an der Mitte der Stirnwand).

Kontraste

Kontraste bedeuten Spannung. Eine allzu spannende Wohnung kann ihre Bewohner überfordern und krank machen. Kontrast herrscht oft zwischen starken Konkurrenten, das können kräftige Komplementärfarben sein, aber auch Kunstwerke oder überladene Möbelstücke. Statt den Augen der Betrachter Beruhigung und Anregung zu bieten, heischen die Konkurrenten nach Aufmerksamkeit, kämpfen das Spiel „Wer ist der Schönste im ganzen Land" und erschlagen dabei optisch die Umgebung.

Experimentieren Sie mit Glanzpapier, gemustert und einfarbig, bevor Sie sich in ein Kontrast-Abenteuer stürzen!

Proportionen

Als unangenehm proportioniert empfunden wird alles, was oben schwerer wirkt als unten. Als schlecht proportioniert empfunden werden zu zarte Möbel in zu großen und zu schwere Möbel in zu kleinen Räumen. Kleinigkeiten helfen oft, ein Maß zum Ebenmaß zu machen. So kann man einen Sockel malen oder aus Fliesen oder Stein legen – schon ist die Wand angenehm proportioniert. Gute oder schlechte Proportionen sind eine Sache des Gefühls, meßbar aber sind die Proportionen, die auf dem Goldenen Schnitt basieren. Er entwickelte sich in der Klassik des Altertums aus der Proportion der Bäume zu ihren Wurzeln, ihrem Stamm und ihrer Krone.

Der Goldene Schnitt

Was als harmonisch empfunden wird, ist so proportioniert, daß der kleine Teil im selben Verhältnis zum großen steht wie der große zum Ganzen. Das ist der sogenannte Goldene Schnitt. Auf jeder Strecke AC gibt es nur einen Punkt B, der diese Strecke in jene zwei

TIP WEST

SO FINDEN SIE DIE RICHTIGEN PROPORTIONEN

Bei gleicher Farbe und gleichem Material wiegt das größere Möbelstück mehr als das kleine. Erst wenn ein Möbelstück an dem Platz steht, für den es bestimmt ist, zeigt sich, ob es paßt oder nicht. Es lohnt sich immer, Möbelstücke im Geschäft oder beim Tischler auszumessen, sie in Pappkarton nachzubauen und dieses Gebilde für einige Zeit in der Wohnung aufzustellen. Auch eine Einbauküche sollte man mit Schachteln, Kisten usw. aufbauen, bevor man sie kauft.

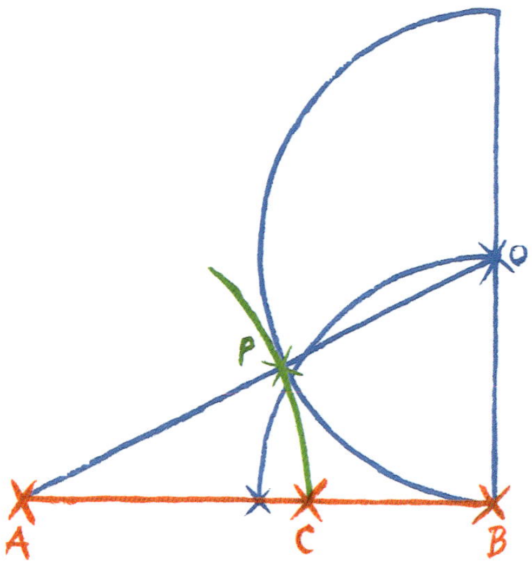

ungleichen Teile zerlegt, die im Verhältnis des Goldenen Schnitts zueinander stehen.

Dieses Verhältnis sollte nur eine Richtlinie sein. Eine Türe, eine Schrankfront, ein Fenster, die im ungefähren Verhältnis des Goldenen Schnittes gestaltet sind, sind stets eine Wohltat für das Auge und die Seele!

Die Harmoniewaage

Streben Sie nicht nach Langeweile, sondern nach Gleichgewicht und Harmonie. Legen Sie Helles und Dunkles, Blasses und Buntes, Natürliches und Künstliches, Handwerkliches und Technisches, Feines und Grobes, Lautes und Leises, Duftendes und Geruchloses, Warmes und Kühles, Großes und Kleines, Ornamentales und Einfaches, Mattes und Glänzendes, Rundes und Eckiges auf die Waagschale.

Die folgende Aufstellung zeigt, was bei gleicher Fläche oder Menge leichter und was schwerer wirkt. Vom Leichten kann man mehr, vom Schweren sollte man wenig nehmen.

LEICHT	**SCHWER**
Licht *(helle Farben, zarte Muster)*	Schatten *(dunkle Farben, dunkle Muster)*
Natur *(natürliches Material, unregelmäßige Konturen)*	Technik *(glatte Oberflächen, Perfektion, gerade Linien)*
Struktur	Muster
Form	Farbe
matte Strukturen	glänzende Oberflächen
kühle Farben	warme Farben
feines Material	grobes Material
gedämpfte Farben	reine, leuchtende Farben
Abrundungen	Spitzes, Eckiges
Abschrägungen	Scharfkantiges
bodenständiges Handwerk	Kunst
Textilien	Stein, Glas, Metalle

Wohnen mit allen sechs Sinnen

Alles, was uns Menschen umgibt, spricht. Farben sprechen, Formen sprechen, Stile sprechen – ohne daß sie ein Wort sagen. Es sind nicht nur Reize, die wir unbewußt aufnehmen, wir stehen mit unserer Umgebung auch im Dialog. Wir bauen zu unserer Wohnung eine Beziehung auf.

Empfänglich für Reize und Informationen aller Art sind unsere Sinnesorgane: die Haut, die Nase, der Mund, die Augen, die Ohren. Leider verwenden wir beim Kauf von Möbeln meist nur die Augen. „Das gefällt mir" sagen wir und vergessen, es gründlich zu streicheln, daran zu riechen, geschweige denn, es in den Mund zu nehmen. Ist das Möbelstück warm, leicht, naturbelassen? Ist es kalt, schwer und zehnfach verleimt? Hat es scharfe Kanten, ist es spiegelglatt, bedeutet es „Gefahr" statt Schutz und Sicherheit?

Abwechslung und nicht der Einheitsbrei macht die Qualität des Wohnens aus. Das gilt für alle Sinne. So darf es in dem einen Raum lauter sein als in dem anderen, denn ein gleichmäßiger Lärmpegel wäre ebenso unerträglich wie absolute Ruhe. Es sollte kühlere und wärmere Räume geben, denn auch Temperaturabwechslung tut dem Körper gut. Eine Wohnung, in der sich dunkle mit hellen Räumen abwechseln, wirkt angenehm anregend. Und auch riechen sollte es in jedem Raum anders.

Trainieren Sie Ihre Sinne! Alle! Auch den sechsten Sinn. Sie werden sehen, es funktioniert.

Der Blick

Blickrichtung

In einer Wohnung gibt es Plätze, die besser sind als andere. Von ihnen aus hat man den besten Blick auf den Rundhorizont des Raumes. Je mehr Logenplätze eine Wohnung hat, desto wohler fühlt man sich. Von Logenplätzen aus hat man einen wunderbaren Blick durch das Fenster auf die Landschaft, auf ein Kunstwerk, auf eine Sammlung, auf eine Bücherwand, auf Türen, in Ecken, an die Decke.

Der beste Platz in der Küche ist sicher der in der Sitzecke mit Blick auf den Herd und den Koch. Der zweitbeste Platz gibt den Ausblick auf die Türe frei. Es ist immer gut, den Überblick zu haben.

Die besten Plätze im Wohn- oder im Eßzimmer befinden sich rund um den zentralen Tisch. Ein Raum sollte daher sorgfältig in jeder Blickrichtung gestaltet sein, man sollte keine Wand, aber auch nicht die Decke vernachlässigen.

Der Blick in den Winkel

Winkel sind meist das Stiefkind der Gestaltung, und nicht selten stehen dort Besen, Papierkörbe oder ähnlich unattraktive Dinge. Das passiert, weil Winkel finster sind. Beleuchtet man sie, so wird man sie nicht mehr stiefmütterlich behandeln. Man wird dann vielleicht Eckschränkchen hinstellen, einen hübschen Stuhl oder eine Skulptur.

TIP WEST:
Die beliebtesten Plätze in einer Wohnung befinden sich rund um den größten Tisch, egal wo er steht. Gut wohnen heißt, den größten Tisch an den besten Platz zu stellen.

TIP OST
Vollgeräumte Zimmer, vollgestopfte Flure, angehäufte Erinnerungen, dunkle Ecken hemmen den Fluß der Lebensenergie.

Vollgeräumte und dunkle Winkel weisen die Wohnungsinhaber als schwierige Menschen aus, die Dinge gerne „unter den Tisch kehren". Darüber sind sich Ost und West einig. Unter Tischen, aber auch unter Betten sollte der Raum frei sein! Es sollte sich weder Gerümpel noch Staub ansammeln.

Der Blick an die Decke

Ein Drittel unseres Lebens verbringen wir im Bett. Von diesem aus sehen wir – den Partner? Aber nein. Wir sehen vor allem die Zimmerdecke. Oft sitzen wir im bequemen Fauteuil. Auch aus diesem blicken wir auf die Decke. Dekorieren Sie die Decke, mit Wolken, einem Sternenhimmel. Geben Sie ihr Farbe, in zartem Grau oder Blau. Oder beleuchten Sie sie indirekt. In die Decke des Vorzimmers können viele kleine Lämpchen eingebaut werden und so den Sternenhimmel ins Entree bringen. Man

TIP WEST

Im allgemeinen gilt die Regel: je höher die Decke, desto gewichtiger kann die Struktur sein, die man ihr gibt – vom Stuck bis zu Kassetten oder freigelegten Balken. Niedrige Decken läßt man am besten einfach glatt.

schaut nach oben statt nach unten, wo sich meist Schuhe, Katzen- oder Hundekorb und ähnlich unattraktive Dinge befinden.

Der Blickfang

Wie Blickfänge wirken, kann man von Schaufensterdekorateuren lernen. Sie setzen den Blickfang als Lockmittel ein. Im Schaufenster bildet der Blickfang einen Kontrast zur Ware, sei es farblich oder thematisch, und oft färbt das Flair des Blickfangs auf die Ware ab. Neben einer uninteressanten Couch steht ein verschnörkelter, romantischer Nähmaschinentisch, auf einem langweiligen Küchenregal stehen alte Kaffeemühlen. Stünden Mehltüten oder Salatölflaschen dort, wäre das Regal keinen Blick wert.

TIP WEST

MAGISCHE BLICKFÄNGE

Vorsicht beim Einkaufsbummel! Blickfänge geben ihre Eigenschaften an die Umgebung ab. Denken Sie sich immer die hübschen (meist unverkäuflichen) Blickfänge in den Geschäften weg und fragen Sie sich dann, ob Ihnen das Möbelstück trotzdem noch gefällt.

BLICKE VERANKERN

Horizontale Muster, aber auch ein bunter, horizontaler Streifen erweitern ein kleines Zimmer optisch. Wenn das Muster oder der Streifen „unter der Gürtel-linie" läuft, werden die Blicke nach unten gelenkt, dadurch scheinen die Wände auseinanderzurücken.

Der Blick aufs Detail

Ob eine Wohnung mit Gefühl eingerichtet wurde, merkt man am Detail. In einer mit Liebe eingerichteten Wohnung hängt die Toilettenpapierrolle auf einem soliden Halter aus Messing, Holz, Nirosta oder knalligem Plastik, nie aber auf einem schäbigen oder vergilbten Plastikhalter aus dem Sonderangebot.

Die Liebe zum Detail zeigt sich schon an der Wohnungstür: Sie ist die Visitenkarte der Wohnung. Wenn das Türschild aus Messing ist, sollte es poliert sein. Wenn eine Fußmatte vorhanden ist, sollte sie hübsch sein und gelegentlich ausgewechselt werden, damit sie nie abgenutzt wirkt. Das wird einem bei einer preiswerten Fußmatte aus dem Dritte-Welt-Laden nicht schwerfallen.

Präsentation

Präsentieren heißt darbieten, hervorheben, betonen, beleuchten. Man kann kostbare Dinge präsentieren, durch Präsentation aber auch aus „wertlosen" Dingen scheinbar wertvolle Stücke machen. Wichtig ist, daß man aus Dingen optisch wertvolle Einzelstücke macht und ihnen keine gleichrangigen Konkurrenten an die Seite stellt.

Erbstücke und Geschenke

Wenn es um geschenkte oder geerbte Dinge geht, die man nicht mag, weil sie häß-

TIP WEST
DER BLICK AUF DIE KUNST

Kunst in der Wohnung ist gut, solange man von ihr nicht terrorisiert wird. Gute Kunst wiegt schwer, eine Wohnung, in der man mehr lebt und weniger repräsentiert, verträgt Kunst nur in angemessenem Maß. Platz für die Kunst ist in der Diele, im Wohnzimmer, nicht jedoch im Schlafzimmer – dort können sich aussagekräftige Bilder über dem Betthaupt in Damoklesschwerter, erotische Bilder in Zwangsvorstellungen und das Porträt der Schwiegermutter in Liebestöter verwandeln.

LIEBE ZUM DETAIL

Manchmal geben teure Details einer Wohnung den besonderen „Touch". Dazu gehören z. B. Türschnallen. Mickrige Schnallen auf teuren Türen entwerten die Tür. Planen Sie daher die Kosten für die Details unbedingt von vornherein ein!

lich oder sonstwie „unmöglich" sind, dann sind sich östliche und westliche Wohnberater einig: Weg damit. Ein Geschenk von Tante Erna, über das man sich jedesmal ärgert, wenn man es sieht, stört das Gleichgewicht. egal, ob dieses nun westlicher oder östlicher Philosophie entspricht. Verkaufen Sie es am Flohmarkt (aber nur, während Tante Erna verreist ist). Vom ererbten Barockschrank, der zu groß für die Eigentumswohnung ist, sollten Sie sich trennen. Ein Villenbesitzer mit viel Platz hat mehr Freude damit – und zahlt Ihnen sicher einen angemessenen Preis. Um das Geld kaufen Sie sich dann einen Biedermeierschrank oder ein Empiremöbelstück, das paßt sicher besser in ein modernes 80-m²-Ambiente.

TIP WEST

Schenken Sie einem Menschen, den Sie lieben, zur Erinnerung ein Schmuckstück und kein Möbelstück.

TIP OST
FAMILIEN- UND BLUMENBILDER

Bilder machen Stimmung und wecken Erinnerungen. Hängen Sie also Bilder auf, die Sie glücklich machen: im Schlafzimmer Photos von Ihrer Hochzeit, im Eßzimmer Blumenbilder, im Wohnzimmer Landschaftsbilder. Es spielt keine Rolle, ob diese Bilder Malereien, Photos oder Plakate sind, die Hauptsache ist das angenehme Motiv

Farben

Wovon es abhängt, wie Farben wirken

Wie Farben wirken, hängt von der Beschaffenheit der Oberfläche ab. Betrachten Sie z. B. die Farbe Flaschengrün in Leinen, in Seide, in Samt, als Lack auf einem Brett. Sie sehen: Flaschengrün ist nicht gleich Flaschengrün. Eine Farbe absorbiert oder reflektiert das Licht, je nachdem, mit welchem Material die Farbe verbunden ist. In Leinen wirkt Flaschengrün langweilig, in Seide lebendig, in Samt körperhaft und auf Holz frisch. Das Leinen absorbiert Licht, die Seide und der Lack reflektieren es, der Samt schluckt es, aber nur zum Teil. Durch seine besondere Struktur – den Flor – hat er eine dunkle und eine helle Seite, die sich ändert, je nachdem, wie er drapiert wird, wie der Strich läuft und von welcher Seite das Licht darauffällt.

Die Farbwirkung eines einfarbigen Stoffes hängt auch vom Material und vom Licht ab. Einfarbiges kann daher sehr lebendig sein, wenn verschiedene Materialien und Oberflächen in einer einzigen Farbe kombiniert werden.

Ein Beispiel aus der Bekleidung: Das „kleine Schwarze" wirkt nur durch verschiedene Matt- und Glanzschattierungen (Wollkleid, Seidenkragen, Lackgürtel). Elegant und nobel wirkt diese Kombination von matt und glänzend dann, wenn das Matte überwiegt – wenn Sie also vom Matten mehr nehmen als vom Glänzenden. Warum? Weil das Glänzende (bei gleicher Verteilung der Oberflächen) dominiert. Edel ist die Kombination von Samt und Seide, z. B. bei der Bekleidung eines Fensters oder eines Polstermöbels.

Die Wahl der richtigen Farben

Es gibt dominierende und zurückhaltende Farben. Warme Farben herrschen über kühle Farben. Es gibt auch Strukturen, die andere beherrschen, Glänzendes z. B. beherrscht Mattes. Glänzende Farben sind dominant, matte Farben zurückhaltend. Eine reine Farbe wirkt am besten, wenn sie glänzt, eine gemischte Farbe sollte matter sein.

Von den dominierenden Farben nimmt man bei der Gestaltung eines Raumes immer weniger als von den zurückhaltenden Farben, da das Übergewicht einer Farbe die Wohnung und ihre Bewohner aus dem Gleichgewicht bringt.

TIP OST
YIN- UND YANG-FARBEN
Dunkle, kräftige Farben, vor allem Rot, sind Yang. Ein sehr helles, pastellfarbenes Zimmer ist Yin – es braucht Yang-Elemente, sonst enthält es zuwenig Lebenskraft.

Farben erzeugen Stimmung

- ***Purpur, Rot, Orangerot*** wirken aktiv und anregend.
- ***Orange, Gelb, Gelbgrün*** wirken hell, leicht und heiter.
- ***Grün, Blaugrün und Blau*** wirken passiv und beruhigend.
- ***Indigoblau, Blauviolett und Rotviolett*** wirken dunkel, schwer und ernst.

- ***Gelb, Orange, Orangerot, Rot, Purpur, Gelbgrün*** wirken warm.
- ***Blauviolett, Indigoblau, Blau, Blaugrün, Rotviolett*** wirken kalt.

Farben haben unterschiedliche Temperaturen

Wir spüren ihre Wellenlängen, d. h. wir nehmen sie nicht nur visuell, sondern auch körperlich auf. Warme Farben (langwellige Strahlen) kommen auf uns zu, kühle Farben (kurzwellige Strahlen) treten in den Hintergrund. Diese Wirkung nützt man, um Räume weiter oder enger, höher oder niedriger zu machen.

Farben machen Räume aber auch tatsächlich wärmer oder kühler: In blaugrundig gestrichenen Räumen beginnt man schon 15° Celsius zu frösteln, in gelborange gestrichenen Räumen empfindet man es erst ab 11° Celsius als zu kühl.

TIP OST

MIT FARBEN HEILEN

Farben beeinflussen das Denken und Fühlen, die Liebe, die Kreativität und das Lebensglück. Feng-Shui-Meister empfehlen Farben sogar als Heilmittel bei Depressionen, Konzentrationsmangel, oder Kommunikationsschwierigkeiten.

Starke Farben sollte man in kleinen Mengen verwenden, mit **BLAU, GRAU, WEISS, GOLD** und **SILBER** sehr sparsam umgehen. Je stärker ein Farbton ist, desto stärker wirkt er.

GELB stärkt die Konzentration, fördert Toleranz, Weisheit und logisches Denken. Ältere Menschen sollten sich mit gelben Dingen umgeben.

ROT ist die Farbe des Lebens, der Aktivität und der Passion. Chinesische Bräute tragen Rot. Man verwendet es sparsam. Noch glückbringender als Rot ist Purpur.

GRAU ist die Farbe der Selbstverleugnung, bedeutet Angst und Depression.

BRAUN bringt Geborgenheit und Ruhe, zuviel Braun bremst und hemmt die Kreativität.

GRÜN entspannt und wirkt ausgleichend, kann aber Langeweile verströmen. Deshalb braucht eine grüne Wand z. B. etwas anregendes Rotes davor.

BLAU kühlt und beruhigt, fördert die Spiritualität und verströmt Vertrauen. Es ist für Geschäftslokale ideal.

Türkis ist entspannend.

SCHWARZ bedeutet Geld und verleiht Macht. In Kombination mit rosa steht es für die Macht der Liebe, mit Gelb für die Macht des Intellekts, mit Rot für die Macht der Leidenschaft.

ROSA ist die Farbe der Liebe. Ärgert man sich, so schließe man die Augen und stelle sich Rosa vor – der Ärger läßt nach.

WEISS wird in China sparsam verwendet, es ist die Farbe der Trauer, aber auch der Unschuld und Leichtgläubigkeit und keine ideale Wohnfarbe.

ORANGE fördert die Kommunikation und den Frohsinn.

Manche Farben stimulieren, andere beruhigen. Aktive Farben treten vor, passive zurück

- ***Aktiv*** sind: Rot, Gelb und Orange.
- ***Passiv*** sind: Grün, Violett, Blau.

Gelb auf Schwarz tritt vor, Violett auf Schwarz verschwindet optisch. Gelb auf Weiß wird vom Weiß zurückgehalten, Violett vom Weiß abgestoßen, Gelb auf Blau tritt vor.

Bei Rot und Gelb, zwei warmen

Farben, ist das hellere Gelb immer vorn.

Bei gleicher Helligkeit treten die warmen Farben vor, die kalten zurück.

Auch Glanz und Mattheit einer Farbe beeinflussen ihre Wirkung.

Eine glänzende rote Vase ist ein aktives, hervortretendes Stück. Eine matte rote Vase bleibt optisch im Hintergrund.

Diese Wirkung kann man nützen: Verleiht man passiven und dunklen Farben Glanz, dann wirken sie nicht mehr düster.

- Der Glanz ist ***aktiv***.
- Mattes ist ***passiv***.

Die Leuchtkraft der Farben

Leuchtkräftige Farben sind optisch gewichtiger als leuchtschwache Farben.

Gelb ist leuchtkräftiger als Violett, Orange leuchtkräftiger als Blau, Rot und Grün sind beide gleich kräftig.

Diese Wirkung kann man nützen. Nehmen Sie an, Sie beziehen eine Wohnung, in der ein sehr praktischer, aber häßlicher

TIP WEST

MIT DER KRAFT DER FARBEN KANN MAN AUFSEHEN ERREGEN

Möchten Sie aus einem bescheidenen Vorraum ein charakterstarkes Entree machen, dann tauchen Sie dieses in eine Farbe Ihrer Wahl. In den übrigen Räumen der Wohnung bleiben Sie in der Farbgebung zurückhaltend.

FARBEN DOMINIEREN ÜBER FORMEN

Wenn Sie ein interessantes Möbelstück z. B. in Rot lackieren, dann wirkt das Rot und nicht die Form. Diese Wirkung kann man nützen, indem man aus einem langweiligen Möbel durch einen Farbanstrich zwar kein interessantes Stück, aber einen tollen Farbakzent macht.

Einbauschrank mit einer Front aus rötlichem Mahagonifurnier steht. Mit Farbe können Sie von der Schrankfront ablenken. Wenn Sie die Wand und die Decke neben und über dem Einbauschrank gleichmäßig rot streichen, lenken Sie den Blick auf die rote Farbe.

Schwarz und Weiß

- Durch Beimischung von Schwarz und Weiß können Farben schwerer (durch Schwarz) oder leichter (durch Weiß) wirken.
- Gibt man dem traditionellen grünen, braunen oder roten Anstrich von Haustoren ein wenig Schwarz bei, dann wirkt das Haustor gewichtiger.
- Weiß und Schwarz übernehmen die

Rolle von Licht und Schatten. Licht tritt vor, Schatten zurück. Weiße Türknöpfe auf Schränkchen, Kücheneinbauschränken kommen einem entgegen, schwarze oder sehr dunkle Tür-

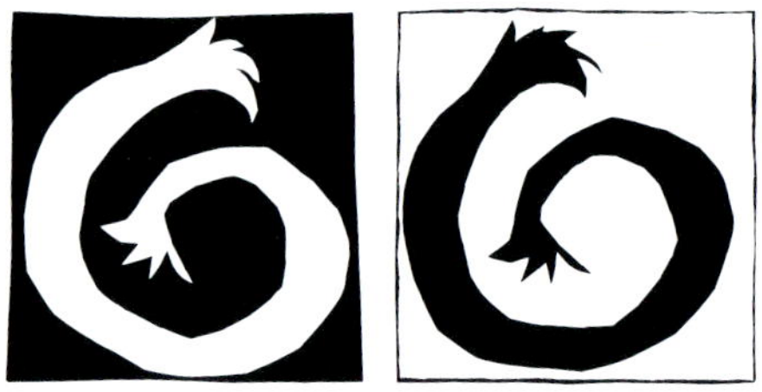

knöpfe wirken wie Löcher.

- Schwarz und Weiß gemischt ergibt Grau. Grau hat die Funktion des Halbschattens, es nivelliert. Deshalb ist Grau der ideale Hintergrund für Photographen. Vor Grau photographiert wirken alle Menschen kontrastärmer, also schöner, man sieht die Unregelmäßigkeiten der Haut weniger. Vor Grau hingestellt, wirken Möbel sanfter – aber im Gegensatz zum Menschen sollte ein Möbel Charakter und Alter zeigen, Grau ist deshalb in einer Wohnung nicht unbedingt der ideale Hintergrund; im Büro, wo selten schöne Möbel stehen, ist es jedoch ideal.

Farben für Wände, Decken und Böden

- Große Wand- und Deckenflächen sollte man in leichten, hellen Farben halten. Hübsch sind Pastelltöne, die der menschlichen Haut verwandt sind – etwa die Farben Pfirsich, Milchkakao, Zartgelb, Zartrosa bis Beige, auch ein hingehauchtes Blaugrau.

- Große Bodenflächen kann man in einem Mittelwert gestalten; in kleinen Räumen, z. B. im Bad, kann man sich auch in

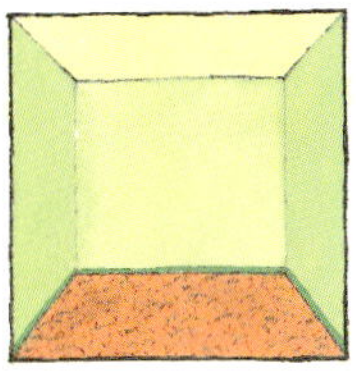

einer Farbe austoben. Bei gleicher Verteilung der Oberflächen wirkt Dunkles schwerer und Helles leichter. Normalerweise ist die Decke heller als der Boden.

- Ist der Raum zu hoch und soll er mit einer dunklen Decke (in dunklerem Farbton) optisch gesenkt werden, dann braucht dieses Gewicht eine optische Stützung in Form einer Säule, einer Wandgliederung oder eines umlaufenden Profils.

TIP WEST

MIT FARBEN VERBINDEN, DURCH FARBEN TRENNEN

Zwei Räume, die auf verschiedener Ebene liegen, kann man durch einen Bodenbelag, der in einer Farbe gehalten ist, verbinden. Einen großen Raum kann man teilen, indem man die Hälften in verschiedenen Farben streicht.

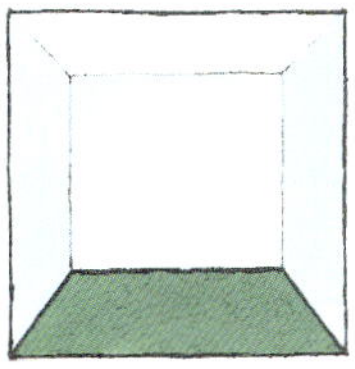

Mit Farben Räume verändern

Durch die Wahl der richtigen Farben kann man, ohne aufwendigen Umbau, Räume optisch verändern.

- ***Raumweitend*** sind alle hellen und kühlen Farben, weil sie sich vom Betrachter optisch entfernen: Hellblau, Zartrosa, Zartlila, Hellgelb, Türkis und vor allem Weiß.
- ***Raumverengend*** sind alle dunklen und warmen Farben, weil sie sich dem Betrachter optisch nähern: dunkles, mittleres Blau, Violett, Purpur, Rot, Orange, Ocker, Rost, Braun, Umbra.
- ***Ausgleichend*** wirkt: Grün.

Farbton der Teppichböden

Teppichböden sollten nicht empfindlich sein, trotzdem sollte man in vielen Fällen zu hellen Farbtönen greifen. Nehmen Sie:

- in ***kleinen, hellen*** Räumen helle Teppichböden,
- in ***dunklen*** Räumen dunkle Teppichböden,
- in ***holzgetäfelten*** Räumen Teppichböden in gedämpften, kräftigen Farben (etwa Dunkelrot, Dunkelgrün, Dunkelorange).

Plädoyer für die weiße Wand

Die weiße Wand lenkt nicht ab. Sie schluckt oder verändert keine Farben. Sie intensiviert die Farben der Gegenstände und nimmt diese wie ein Spiegel an. Die weiße Wand lebt, vor allem dann, wenn sie nicht maschinell, sondern mit der Hand bearbeitet wurde, wenn sie durch den Pinselstrich Struktur bekommt. Die weiße Wand ist für einen Raum, in dem schöne Möbel stehen, keine Verlegenheitslösung, sondern die beste Wahl!

Mischfarben

Aus der Mischung der Primärfarben Gelb, Blau und Rot entstehen

TIP WEST

NATÜRLICH BUNT

Wer ein natürlich bunt wirkendes Zimmer möchte, der male es weiß aus, stelle Holzmöbel, Blumen, zwei, drei bunte Gegenstände (Kunst, Kunsthandwerk) hinein, verwende bunte Textilien (für Sitzmöbel, Vorhänge, Teppiche): Der Raum wird unaufdringlich und bunt wirken. Wenn es an bunten Textilien, an Teppichen usw. mangelt, kann durch eine pastellfarbene Tönung der Wände ausreichend Farbe in den Raum gebracht werden.

Feng-Shui empfiehlt, ein wenig Rot ins Schlafzimmer zu geben.

TIP WEST
SO WIRKEN RÄUME SONNIG
Möchte man einen Raum besonders „sonnig" gestalten, so kann man die Wände pastellgelb bis pfirsichfarben tönen. Noch sonniger aber wirkt er, wenn der Boden aus versiegeltem, gelbrotem Holz ist; es entsteht ein Reflexeffekt, den man mit einem gelben bis orangeroten Teppichboden nicht erreicht, weil er matt ist. In Kombination mit einer weißen Wand und dem Tageslicht kann damit ein besonders sonniger Effekt erzielt werden.
Taucht man die Wände in Knallgelb oder Orange, so erhält man einen lustig knallgelben Raum, aber keinen, der natürlich sonnig wirkt.

die anderen Farben. Mischfarben haben entweder einen gelben, roten oder blauen Unterton. Schwarz und Weiß – eigentlich keine Farben, sondern Helligkeitswerte – haben die Funktion von Licht und Schatten.

Vertragen sich Mischfarben? Die Erfahrung zeigt, daß sich Mischfarben gleicher Helligkeitsstufe nicht miteinander vertragen, in verschiedener Helligkeitsstufe jedoch sehr wohl zusammenpassen. Blaurot z. B. verträgt sich bei gleicher Helligkeit nicht mit Gelbrot, sehr gut jedoch verträgt sich ein helles Orangerot mit einem dunklen Weinrot.

Komplementärfarben

Unter dem Begriff der Komplementärfarben fassen die Farblehren jene Farbenpaare zusammen, die sich im Farbenkreis gegenüberstehen. Werden zwei Komplementärfarben miteinander vermischt, so ergeben sie Grau. Folgende Farben sind zueinander komplementär:

- Gelb zu Blauviolett,
- Orange zu Indigoblau,
- Orangerot zu Blau,
- Rot zu Blaugrün,
- Purpurrot zu Grün,
- Gelbgrün zu Rotviolett.

Mischfarben aus Komplementärbereichen, miteinander kombiniert, sind für den Wohnbereich ungeeignet. Toben Sie sich in der modischen Bekleidung mit diesen Farbpaaren aus, nicht in der Wohnung!

Farben für das Schlafzimmer

Der Farbton im Schlafzimmer sollte weich sein und sich gut mit dem Farbton der Haut vertragen. Das beige Schlafzimmer mit roten Kissenbezügen wird denjenigen schmeicheln, deren Haut einen rötlichen Ton hat. Die Haut kann aber auch einen bläulichen oder gelblichen Ton haben; in diesem Fall wählen Sie ein Beige mit blauem oder gelbem Unterton und Bettwäsche, Teppiche usw. in Blau oder Gelb.

Um den Farbton Ihrer Haut festzustellen, müssen Sie ein wenig experimentieren. Legen Sie rote, blaue und gelbe Stoffreste auf die nackte Haut und beobachten Sie bei Ta-

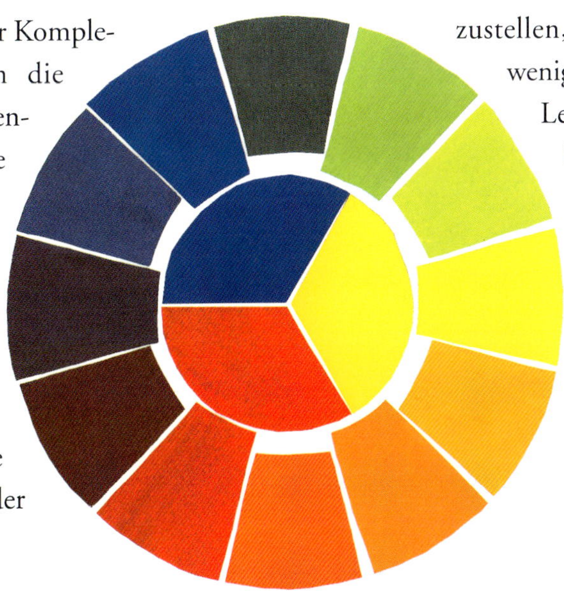

Primärfarben (in der Mitte) und Komplementärfarben

TIP OST

Das Schlafzimmer kann jede Farbe haben außer grau, weiß, gold und silber, das schwächt die weibliche Energie. Auf jeden Fall sollten Sie rote Gegenstände integrieren, z. B. mit Kissen, Schleifen und Blumen.

geslicht, welches dieser Farbmuster Ihre Hautfarbe frischer und intensiver erscheinen läßt. Ist es z. B. das rote, so hat Ihre Haut einen rötlichen Ton.

Jugendlich wirkende Farben

Nehmen Sie eine Lauchstange in die eine Hand, ein Messer mit schwarzem Griff in die andere und schneiden Sie den Lauch der Länge nach durch. Die jugendlich-frische Eleganz der Farben, die sich Ihnen zeigt, ist nachahmenswert – die Farbskala des Lauchs geht von Weiß über Hellgelb und Hellgrün bis zu Dunkelgrün, der schwarze Griff des Messers kontrastiert bestens mit den weiß-gelb-grünen Tönen.

Gestalten Sie nun Ihr „Lauch-Zimmer" Ton-in-Ton.

- Sie lackieren den Boden weiß.
- Sie streichen die Wand hellgelb.
- Die Decke streichen Sie weiß, mischen dem Weiß jedoch ein wenig Gelb bei.
- Das Bücherregal streichen Sie weiß, die Buchrücken bringen das bunte Element an die Wand. Die Sitzgruppe kann mittel- bis dunkelgrün (immer aus der Lauch-Farbskala) überzogen sein.
- Farbakzente setzen Sie mit Rot (z. B. rote Rosen).

Gestalten Sie nun dasselbe Zimmer dezent kontrastierend: In diesem Zimmer können Sie Kontraste mit dunkelgrünem Boden, hellgrüner Wand und weißer Decke setzen. Für die Vorhänge wählen Sie ein gelb-grün-weißes Muster. Die Möbel lackieren Sie schwarz. Beachten Sie aber das Gleichgewicht: Vom Dunklen nehmen Sie viel weniger als vom Hellen.

Mit ein paar Tricks können Sie feststellen, welche Materialien zu den Lauch-Farben passen: Legen Sie den Lauch auf Heu, Stroh, einen Sisalteppich, ein Kieferbrett. Nein, Lauch und Holz vertragen sich nicht. Wenn Sie die Hälften aber waschen und sich ein paar glasklare Wassertropfen im hellen Inneren und auf der dunkelgrünen Außenhaut bilden, dann kommt die Jugendlichkeit und Frische der Pflanze noch mehr zur Geltung.

Zum Lauch paßt also, was durchsichtig ist, was glatt ist, was glänzt. Und weil zuviel Glanz aufdringlich wirkt, wählt man den Nobel-Glanz, im Handel bezeichnet als „seidenmatt". Die Einrichtung des Lauch-Zimmers könnte also aus einem Tisch mit Glasplatte, weiß bis grün gestrichenen, zarten Indoor-Korbmöbeln (z.B. Loom-Chairs), einem dunkelgrünen Lederfauteuil, Fensterumrahmungen aus grünem Samt oder gelber Seide bestehen.

Farben für das Bad

Weil Wasser blau ist oder grün und nur dann braun, wenn es schmutzig ist, greifen die meisten Menschen im Bad zu blauen oder grünen Fliesen, die sie mit Weiß kombinieren. Sie können aber genausogut Gelb oder Rot fürs Bad wählen, unter einer Voraussetzung:

Freie Farbwahl für das Bad, mit einer Ausnahme: Die Farben dürfen nicht schmutzig wirken.

- Jede im Bad verwendete Farbe, sei es als Fliese, Wandfarbe oder Tapete, darf nicht schmutzig wirken. Verwenden Sie also keine mit Braun oder Grau gemischten Farben.
- Reine Farben sind dominant. Damit sie kein Übergewicht bekommen, verwenden Sie sie am besten auf dem Boden, verfliesen oder streichen Sie die Wand rundum weiß und nehmen Sie, z. B. in einer Bordüre, die Bodenfarbe noch einmal auf.
- Blau- und Grüntöne im Bad müssen nicht kühl sein. Kornblumenblau oder Flaschengrün sind warm und mit Weiß kombiniert ideale Badezimmerfarben.
- Auch reines Zitronengelb oder Kirschrot sind, mit Weiß kombiniert, sehr schön im Badezimmer.
- Die Kombination mit Weiß bringt Licht, Frische und das Gefühl von Sauberkeit ins Bad.

Muster

Die meisten Menschen beschäftigen sich, wenn sie sich einrichten, mit Mustern. Dabei sind Muster mit Vorsicht zu genießen und nur unter bestimmten Voraussetzungen zu verwenden. Muster werden nach Vorlagen produziert, sind bis ins Unendliche und immer nach demselben Schema reproduzierbar. Das macht sie auf die Dauer langweilig. Sie wiederholen sich.

Mit Mustern gehe man sehr sparsam um. Das hat viele Gründe.

- Muster ziehen die Blicke auf sich. Je geometrischer, je kräftiger, je bunter und größer sie sind, desto mehr werden sie zum Blickfang.
- Muster verflachen, d. h., sie machen aus dreidimensional wirkenden Körpern zweidimensional wirkende Flächen. Man sieht zuerst das Muster, dann – oder gar nicht – die Form. (Das ist übrigens ein Grund dafür, daß üppige Damen mit kräftig gemusterten Kleidern gut gekleidet sind, weil man das Muster sieht und nicht den Körper.)

TIP WEST

Ornamente kann man als Verbindungselemente einsetzen. In der Antike verwendete man dazu z. B. den Mäander.

Ornamentale Muster als Verbindungselement

Sie können flach oder dreidimensional sein, als Bordüren oder Stuck sind sie oft sehr nützlich: Man kann mit ihnen die Statik optisch unterstützen, Dinge kostbarer erscheinen lassen, als sie sind, oder verschieden große Flächen oder Gegenstände durch ein gemeinsames Musterband zusammenfassen.

Muster in der Natur

Typisch für Muster ist, daß sie sich nach einem bestimmten Schema wiederholen. In der Natur gibt es, im frei sichtbaren Bereich, eigentlich keine Muster, sondern nur Zeichnungen, die für bestimmte Tier- und Pflanzenarten typisch sind, wie die Schuppen der Fische, die Federn der Vögel, die Eisblumen am Fenster, die Blütensterne auf der Wiese, die Blüten auf den Obstbäumen, die Schlangenhaut, das Zebra-, Leoparden- oder Tigerfell, die Salamanderhaut, das Blatt der Kuckucksblume...

Der Natur entsprechen im Wohnbereich handwerklich entworfene Muster mit Motiven aus der Natur. Solche Muster sind weniger langweilig als maschinell erzeugte, weil sie

TIP WEST

Von dominanten Mustern braucht es wenig im Raum. Ein Zebrafell auf dem Boden genügt, ein Barhocker im Marienkäfermuster reicht aus. Kräftig wirkende Muster nebeneinander – also ein geflecktes Kuhfell neben einer Tigerdecke (aus Kunstfell) vor einem Gobelin – erschlagen sich gegenseitig und bereiten den Menschen Unbehagen. Nur Künstler und Showmaster sollten sich an solche Kombinationen wagen.

TIP OST

Streifenmuster und stark kontrastierende Wandflächen – z. B. großblumige Muster in lila und gelb – können zu Streitereien führen. Vermeiden Sie diese Muster im Schlafzimmer.

kleine Abweichungen und Unregelmäßigkeiten aufweisen. Das macht sie sympathisch.

Motive aus der Natur, wie Blumenmuster, Blümchentapeten oder Sonnenblumenposter bringen allerdings keine Natur, sondern nur Naturmotive ins Haus.

Geometrische Muster sind für das freie Auge nicht sichtbar. Erst im molekularen Bereich wird die Natur zum geometrischen Muster, zum Schema, das sich immer wieder wiederholt. Was man aber in der Natur nicht mit freiem Auge erkennen kann, sollte man sich nicht zum Vorbild für behagliches, entspannendes Wohnen nehmen.

Es gibt wenig auffallend gemusterte Pflanzen und Tiere. Auch in der Wohnung sollte also das auffallende, grelle Muster nur sparsam eingesetzt werden.

Hier gelten die Regeln:

- Grell Gemustertes dominiert über unauffällig Gemustertes.
- Große Muster dominieren über Kleingemustertes.
- Geometrisch Gemustertes dominiert über handwerkliche bzw. der Natur nachempfundene Muster.

Holzmuster

In der Natur gibt es keinen Baumstamm, der dem anderen gleicht; folglich gibt es auch kein gemasertes Brett, das dem anderen gleicht. Daran erkennt man, ob ein Brett aus einem Stamm geschnitten wurde oder ob es sich um Furnier oder um eine künstlich aufgedruckte Holzmaserung handelt. Das Furnier strebt nach Symmetrie, das Muster wiederholt eine Maserung schematisch.

Wie man Muster verwendet

- Zarte, pastellfarbene Muster sind unaufdringlich.
- Kräftige, geometrische Muster ziehen die Aufmerksamkeit auf sich. Man sollte sie sparsam und gezielt verwenden, auf Sitzflächen von Sesseln z. B. Dort sind die Muster in einem Rahmen – ähnlich wie in der Natur, wo der Umriß der Pflanze oder des Tieres einen Rahmen für das Muster oder die

Zeichnung abgibt, Denken Sie an ein Zebra und an einen Barhocker, der mit Stoff im Zebrastreif bezogen ist.

Setzen Sie, wie die Natur, den Mustern Grenzen! Wenn sich die Muster nicht ins Endlose ausbreiten können, sind sie erträglich und manchmal sogar attraktiv. In diesen Rahmen bleiben die Muster fünf bis zehn Jahre, dann werden sie ausgewechselt. Das befriedigt das Bedürfnis, in der Wohnung wieder einmal etwas zu verändern.

◆ Muster sollten in jenen Räumen verwendet werden, in denen man angeregt werden möchte, z. B. im Wohnzimmer. Im Büro oder im Arbeitszimmer, wo man sich konzentrieren möchte und keine Ablenkung erwünscht ist, sollte man Gemustertes vermeiden.

◆ Muster auf dem Boden wirken weniger aufdringlich als Muster an den Wänden.

◆ In einer nichtgemusterten Umgebung sind Muster dominant. Je kräftiger die Muster sind, desto eher lenken sie die Blicke auf sich.

◆ Kurzfristig gesehen bringen Muster Leben in eine sterile Umgebung.

◆ Musterbilder sind kein Ersatz für gute Malerei.

TIP WEST

MIT MUSTERN TARNEN

Will man eine häßliche Sitzbank tarnen, dann bezieht man sie mit einem Stoff, der das gleiche Muster aufweist wie die Wand, vor der sie steht. Die Bank wird dadurch „fast unsichtbar". Auf eine vollkommen getarnte Bank allerdings wird man sich ungern setzen, sie wirkt nicht einladend.

TIP WEST

MIT MUSTERN ABLENKEN

Wenn wir einen hübschen Sessel aus der Jahrhundertwende mit einem buntgemusterten Stoff im „Klimt-Look" beziehen oder eine antike Glasvitrine mit einer Mustertapete auskleiden, tritt die Form, also das eigentlich Schöne des Möbels, in den Hintergrund, es dominiert das Muster. Ist aber das Möbel wenig edel oder stimmt die Form nicht, dann kann man mit einem fröhlichen Muster ablenken (wie auch mit kräftigen Farben oder groben Strukturen). Ein unförmiger, aber bequemer Fauteuil kann so zu einem Lieblingsstück werden.

Die Kombination von Mustern, Farben und Strukturen

Bestimmte Muster entsprechen dem Verhalten bestimmter Farben bzw. Strukturen.

◆ Feine, zarte Muster verhalten sich wie helle Pastellfarben, Blümchenmuster wie weiche, feine Strukturen, lineare, graphische Muster wie harter Glanz und grelle Farben, große Detailmuster wie matte Farben.

◆ Man setzt die Muster wie die entsprechenden

TIP WEST
MUSTER SIND OPTIMAL FÜR GÄSTEZIMMER
Einen kleinen Raum in Pastellfarben kann man ebensogut rundum in zarten Mustern gestalten. Mit einem Unterschied: Auf dem Muster wird man einen Fleck später sehen als auf dem Einfarbigen. Allerdings wird man sich am Muster rascher satt sehen als am Einfarbigen. Deshalb sind zarte Muster gut für Gästezimmer geeignet.

Farben oder Strukturen ein: Wo man eine Wand pastellfarben getönt hätte, kann man ein zartes Blümchenmuster verwenden, wo man harten Glanz oder grelle Farben eingesetzt hätte (als Akzent oder Blickfang), kann man ein graphisches Muster wählen, wo man dem Boden eine matte, dunkle Farbe gegeben hätte, kann man auch ein großes Detailmuster (einen großgemusterten Teppich) verwenden.

Muster auf dem Boden

Kräftige Schachbrettmuster geben dem Boden Gewicht und Charakter. Da die wenigsten Räume rechtwinklig sind, empfiehlt es sich, das Schachbrettmuster diagonal zu verlegen, um so von den ungleichen Winkeln abzulenken. Fliesen, Linoleum, Steine, Holz eignen sich zum Verlegen im Schachbrett.

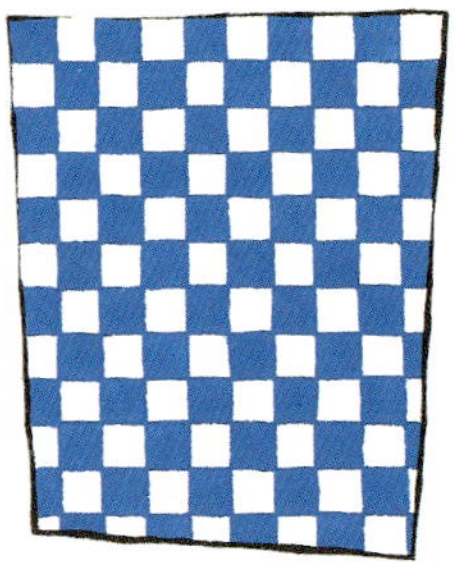

Die Vielfalt der Holzböden

Breite Bretter zeigen ihre Maserung, sie ist eine Zeichnung die sich nie wiederholt. Beim Original-Bohlenboden, der nicht aus gesägten Brettern, sondern aus gespaltenen Bohlen besteht, sind die Fugen oft so breit und unregelmäßig, daß allein die Holzstruktur wirkt.

Bei einem Schiffboden sind die geradlinigen dunklen Fugen stark sichtbar. Was man sieht, ist das Streifenmuster und nicht die Holzstruktur, die man aber ahnt.

Bei einem Klebeparkett werden die Holzteile maschinell zu Quadraten zusammengepreßt. Es entsteht ein Muster aus willkürlich zusammengefügten Strukturteilen, das Resultat wirkt beunruhigend und chaotisch.

Bei Böden aus ungleich breiten Brettern halten sich die geraden Linien der Fugen und die Holzstruktur die Waage. Einen solchen Boden kann man in Räumen unterschiedlicher Größe verwenden; je größer der Raum ist, desto breiter sollten allerdings die Bretter sein.

TIP WEST
Häufig sind Räume nicht rechtwinkelig, sondern asymmetrisch. Geometrische Muster, wie z. B. das Muster eines Klebeparketts oder die Linien eines Riemchenbodens, verstärken diese Asymmetrie. Fischgrätmuster und Bohlenböden vermindern die Asymmetrie. Verlegt man Böden in alten Häusern, sollte man dem Fischgrätmuster den Vorzug geben.

Massives Parkett aus Hartholz gibt es in den verschiedensten Mustern:

◆ ***als Riemchenböden:*** Hier überwiegt das geometrische Muster.

◆ ***im Fischgrätmuster:*** Hier halten sich Muster und Struktur die Waage.

◆ ***als Intarsienböden*** (z. B. Sternparkett): Sie sind für weitläufige Räume geeignet. Intarsienböden vereinigen in sich ausgesuchte Strukturen und handwerkliches Können. Solche Parkette gibt es (immer noch) im Altwarenhandel.

Bilder auf dem Boden

Ursprünglich war der Perserteppich ein stilisiertes Blumenbeet aus dem paradiesischen Haremsgarten. Die alten Römer verlegten Ziegel, Fliesen und Mosaiksteine so, als wären sie Teppiche: mit Blumen-, Tier- und Menschenmotiven im Zentrum und einem Rahmen rundherum.

Das macht man heute noch. Sollen Fliesenböden edel und schön wirken, so verlegt man sie im Muster eines stilisierten Teppichs.

Licht und Schatten

Die richtigen Lichtquellen für jeden Raum

Natürliches Licht kennt viele Nuancen: gleißendes Sonnenlicht, hellichter Tag, Morgendämmerung, Abendrot, Vollmondnacht, warmes Sonnenlicht, kaltes Mondlicht, den Sternenhimmel mit seinen Lichtquellen ohne Leuchtkraft. Und auch das natürliche Hauptlicht, die Sonne, ist immer anders. Sie wandert, ist am Horizont, steht im Zenit oder bleibt hinter einem Wolkenvorhang verborgen.

Wie in der Natur kann das künstliche Licht, die Beleuchtung im Haus nie wirken. Aber man kann eine Annäherung versuchen, indem man mehrere fixe und variable Lichtquellen im Raum installiert. Atmosphäre entsteht dann, wenn die Lichtquellen getrennt eingeschaltet werden und die Lichtstärke mit einem Dimmer geregelt werden kann.

Licht hat verschiedene Farben. Das Licht, das aus der Glühbirne kommt, ist gelber als Sonnenlicht. Das Licht der Halogenlampe ist weiß, es verändert die Farben am geringsten. Das Licht aus der Leuchtröhre ist blaß und grünlich.

TIP WEST

Bevor Sie sich zum Kauf einer teuren Leuchte entschließen, versuchen Sie, ihre Form mittels Pappkarton nachzuahmen und diese über eine Glühbirne, eine Halogenlampe oder eine Leuchtröhre zu stülpen, um die Wirkung von Lichtkegel und Lichtstreuung im Raum zu testen.

„Es werde Licht", sprach der Herr. Und erst dann kam alles andere dran. So ungefähr sollten auch Sie vorgehen, wenn Sie die Installationen planen. Sonst ergibt sich nachträglich die Situation, daß überall Kabel herumliegen, über die man stolpert, oder daß Sie auf manche Lichtquellen verzichten müssen, weil keine Leitung in der Wand verlegt ist.

Unter allen Umständen brauchen Sie: eine zentrale Lichtquelle in der Raummitte, Lichtquellen über den Tischen, Lichtquellen für Arbeitsplatz-, Bild- und Wandbeleuchtung, Anschlüsse für Stehlampen und die Treppenhausbeleuchtung.

- ***Arbeitsplatz:*** Die Lichtquelle soll die Arbeitsfläche beleuchten und schwenkbar sein.
- ***Eßplatz:*** Die Lichtquelle soll den Tisch beleuchten; am besten ist es, die Lampe hängt von der Decke. Sie sollte circa 2 bis 2,30 m vom Boden entfernt sein, damit sie stehenden Menschen nicht ins Gesicht leuchtet.
- ***Badezimmer:*** Die Lichtquelle soll Ihr Gesicht, Ihren Körper beleuchten. Dazu wird sie seitlich oder rund um den Spiegel angebracht.
- ***Kunstobjekte:*** Sie sollten gezielt beleuchtet werden: Spielen Sie mit Licht- und Schattenseiten des Objekts. Kunstobjekte wirken manchmal besonders gut, wenn sie von unten, vom Boden aus angeleuchtet werden. Schöne, einzeln

Atmosphäre entsteht, wenn die Lichtquellen getrennt eingeschaltet werden und mit einem Dimmer versehen sind.

TIP OST
Im Schlafzimmer sollte es zwei gleiche Lampen auf den Nachttischchen oder über den Köpfen geben. So erhält keiner der Partner eine besondere Machtposition.

stehende Möbelstücke behandeln Sie am besten so, als wären sie Skulpturen.

- ***Sitzgruppen, Leseplätze:*** Verstellbare Stehlampen, attraktive Tischlampen geben Licht und Atmosphäre.
- ***Vorraum:*** Viele Mini-Lichtquellen in der Decke vermitteln die Wirkung eines Sternenhimmels.
- ***Treppenhaus:*** Treppen können direkt, von einer Lichtleiste an den Stufen, beleuchtet werden.
- ***Wohnraum:*** Hier kommt man ohne Zentralbeleuchtung aus; man beleuchtet die Bilder, und mit Stehlampen, deren Lichtstrahlen man bewegen kann, beleuchtet man Böden, Ecken oder die Decke indirekt.

Tageslicht

Wenn Sonnenlicht durch die Fenster strömt, beleuchtet es, viel weicher als ein Scheinwerfer, die Wände und Möbel und Gegenstände an den Wänden. Besonders weich streut das Licht durch leichte, pastellfarbene Vorhänge. Wände sind im Laufe eines Tages einmal hell, einmal dunkel, manchmal ist nur ein Teil der Wand tagsüber in Tageslicht getaucht. Stellen oder hängen Sie helle Objekte, Möbel oder Bilder an die helle Seite, dunkle Objekte, Möbel oder Bilder an die dunklere Seite. Dadurch wird die Wirkung der Wand belebt und nicht nivelliert.

Stellen Sie kleinere oder hellere Möbel an die Wand in Fensternähe, dunkle und massive Möbel weiter weg.

Yin und Yang ist wie Nacht und Tag

Im ewigen Wechselspiel von Tag und Nacht ist die chinesische Auffassung von Yin und Yang enthalten. Auf den Tag, die Sonne, folgt die Nacht, der Mond. Die Sonne, der Tag, ist die männliche Energie = Yang, der Mond, die Nacht ist die weibliche Energie = Yin. Beides zusammen gibt ein harmonisches Ganzes.

Helle und dunkle Räume

In der vielpropagierten Licht-, Luft- und Sonnenwohnung findet der Bewohner oft keine Geborgenheit. Erst das rechte Maß an Hell und Dunkel macht's wohnlich! Wenn Sie in Ihrem Haus ein, zwei dunkle Räume haben, dann machen Sie nicht den Fehler, diese Räume gewaltsam – mit viel Weiß, Gelb und hellen Möbeln – in helle Räume zu verwandeln. Es gelingt nicht. Bleiben Sie beim Dunklen.

Ein dunkles Entree, aus dem mit heller Dekoration nie ein helles, sondern bestenfalls ein halbdunkles werden kann, bekommt Charakter, wenn Sie es, wie eine Höhle, dunkel gestalten, etwa in Glänzendschwarz, Dunkelgrün oder Dunkelrot. Dankbar für eine so kühne Lösung werden Ihnen vor allem die Kinder sein; sie lieben dunkle Räume, in denen sie sich verstecken können.

TIP OST
LICHT UND SCHATTEN
Ein ideales Haus hat helle und dunkle Räume, es hat, wie das Leben, Licht- und Schattenseiten. Diese wechseln mit den Jahreszeiten und der Sonneneinstrahlung. Fenster sollten immer dichte Vorhänge, Jalousien oder Balken haben, damit man an der Südseite zuviel Licht aussperren kann und an der Nordseite verhindert, daß zuviel Ch'i abfließt.
In einem Haus, in das zu wenig Sonnenenergie strömt, wird man unglücklich und krank.

Die Berührung

Wohlgefühl für die Haut

Nirgendwo haben wir soviel Hautkontakt mit Menschen und Materialien wie in unserer Wohnung. Hier sollten wir jede Berührung als angenehm empfinden, und Berührungsängste sollten nur dort auftreten, wo sie sogar erwünscht sind: als Warnung vor scharfen Messern, spitzen Spießen, Elektrogeräten und ähnlichem.

Gibt es zuviel Hartes, Spitzes, Kaltes oder elektrisch Aufgeladenes in der Wohnung, so entstehen Berührungsängste. Sie führen zur Vorsicht, und Vorsicht bedeutet ständige Anspannung. Wo aber sonst als in der eigenen Wohnung sollte der Mensch sich entspannen? Wo man steht, sitzt, sich anlehnt, wo man liegt und liebt, muß Vertrauen in Möbel und Material herrschen. Spiegelglatte Böden, scharfkantige Möbel, steinharte Wände, große Spiegel und Spiegelwände sind haut- und körperfeindlich. Wo man dauernd achtgeben muß, nicht auszurutschen, nichts anzufassen, nichts schmutzig zu machen, sich nicht den Kopf anzuschlagen, sich nicht zu verletzen, dort fühlt man sich nicht wohl. Wenn der Tastsinn jedoch zufrieden ist, dann empfinden wir eine Wohnung als behaglich.

Wie behaglich die einzelnen Räume sein sollten, richtet sich nach der Funktion, die sie erfüllen sollen: schlafen, plaudern, essen, kochen, (sich) pflegen (lassen), arbeiten, spielen, lesen, fernsehen usw.

Die Wirkung von Materialien

Der Raum, in dem wir wohnen, die Einrichtung, mit der wir leben, haben Temperatur, Struktur, Form, Gewicht. Alle diese Eigenschaften kann man ertasten oder mit dem ganzen Körper spüren.

- *Materialien* sind heiß, warm, kühl, kalt, hart, fest, locker, weich, glatt, gerillt, wellig, porig, rauh, schwer, leicht.
- *Körper* sind beweglich, unbeweglich, leicht, schwer, groß, klein, scharfkantig, abgerundet, rund, spitz, eckig.
- *Formen* sind geometrisch, menschlich, bizarr, beruhigend, aggressiv, klassisch, modern, unscheinbar, außergewöhnlich, natürlich, futuristisch, phantastisch.

Je nachdem, wie hoch der Anteil an Warmem, Rundem, Schwerem, an Kühlem, Kantigem, Leichtem an der gesamten Wohnung ist, wird unsere Wohnumwelt elegant, gemütlich, sinnlich, abweisend, aufregend, feindlich oder schützend wirken.

Ein warmes Nest

Die meisten Menschen hätten gern ein warmes Nest, also eine Wohnung, in der warme und weiche Materialien überwiegen. Ein Nest wird aber leicht zum Pfuhl, in dem man „versumpft". Damit das nicht passiert, es aber trotzdem gemütlich ist, sollte man jene Körperteile warm halten, die mit den Wohnmaterialien in Kontakt sind: die Füße, die Hände, den Po oder beim Liegen und Lieben den ganzen Kör-

Glastische sind fast
unsichtbar. Sie sind ideal
für kleine Räume und
verbinden antike und
moderne Möbelstücke

TIP WEST
Räume oder Möbel, die in minimalem Design, kühlen Farben und Materialien gehalten sind, können in einem Haus eine willkommene Abwechslung sein, wie eine frische Dusche, ein Sprung ins kühlende Naß an einem warmen Sommertag. Eine nur in warmen Materialien (und Farben) gehaltene Wohnung ist langweilig und wirkt erdrückend.

per. Eine elegante, kühl gestylte Wohnung, in der Fußböden, Sitzflächen, Betten, Couches und Tischplatten aus warmen Materialien sind, kann cool und doch warm zugleich sein. Und eine plüschige Wohnung mit Eisenmöbeln und Marmorboden kann kalt sein.

Auch für den Tastsinn ist die Ausgewogenheit von warm und kalt, von weich und hart, entscheidend dafür, ob man Wohlgefühl empfindet.

Warme und kalte Materialien

In einer Wohnung, in der man sich wohl fühlen will, sollten hauptsächlich folgende Materialien in nachgenannter Reihenfolge verwendet werden:

1. *Textilien*
2. *Holz*
3. *Keramik (Ziegel)*
4. *Stein, Glas, Metalle.*

TIP WEST
In einer gemütlichen Wohnung sollten die weichen Materialien den größeren Anteil ausmachen. Je härter die Materialien sind, desto weniger sollte man von ihnen nehmen.

Die Ausstrahlung von Körpern

Wie der menschliche Körper haben auch Möbel, Materialien, Wände, Böden eine Ausstrahlung von intensiver oder geringer Stärke. Diese Ausstrahlung ist als Temperatur meßbar; sie hängt von der Art und Dichte des Materials und dem Volumen des Körpers ab, aber auch von den Luftströmen, die Gegenstände und Möbel umfließen. Luftströme, die durch Mauerritzen oder Schlüssellöcher kommen, sich an Fenstern, über Heizkörpern bilden, aufsteigen und abfallen, machen einen wesentlichen Faktor dieser „Ausstrahlung“ aus.

Ob man es nun Wärme nennt, Aura oder Energie – eines ist spürbar: Körper enden nicht dort, wo sie optisch aufzuhören scheinen, also nicht beim Umriß. Und weil dies so ist, ist auch der Raum zwischen Körpern, also zwischen Möbeln und Möbeln und Menschen und Möbeln, keinesfalls leer.

Wie man diese Ausstrahlung empfindet, davon berichten am zuverlässigsten blinde Menschen, die nicht von optischen Eindrücken be-

TIP WEST
MACHEN SIE DIE AUGEN ZU
Spüren Sie: Ein in blau und weiß gehaltener Raum hat eine kühle Ausstrahlung, die sich tatsächlich in einer etwas niedrigeren Raumtemperatur, im Vergleich zu einem in warmem Rot gehaltenen Raum, nachweisen läßt. Harte Materialien strahlen Kälte aus, weiche Materialien Wärme, zwischen kühler Seide und warmer Wolle gibt es meßbare Temperaturunterschiede.

einflußt werden. Blinde „sehen“ mit ihrer Haut und mit ihrem Körper, sie spüren die Schwingungen intensiver als Sehende. Dabei ist es von Bedeutung, ob der Blinde bekleidet ist oder nicht. Will er sein Körperempfinden maximal nützen, muß er (fast) nackt sein. In diesem Zustand spürt er, so die Erfahrungsberichte mehrerer Betroffener, ob ein Mensch, der ihm gegenübersteht, groß ist oder klein, dick oder dünn. Er spürt es am besten auf eine Distanz von 50 bis 70 cm; nach 2 m ist die Ausstrahlung nicht mehr spürbar. Das gilt auch für Hindernisse, die „im Weg stehen“; sie müssen mindestens Brusthöhe haben, damit sie spürbar werden, da sich die Hauptsensibilität im Bauch- und Brustbereich befindet. Dinge, die nur im Bereich der Beine stehen, werden nicht wahrgenommen.

Das Material Glas

Mit Glas sollte man bei der Einrichtung sparsam umgehen, vor allem deshalb, weil ein helles, lichtdurchflutetes Haus schon „von Natur aus“ bereits einen hohen Anteil an Glasflächen hat, also an Fensterscheiben, Terrassentüren, Türen.

Ein altes Häuschen mit niedrigen Räumen und kleinen Fenstern verträgt im Innenraum mehr Gläsernes als ein Haus mit großen Panoramascheiben, das mehr warme Materialien zum Ausgleich braucht.

TIP WEST:

Glas ist durchsichtig wie Luft. Es schafft Raum. Einen Glastisch sieht man (fast) nicht. Tische, besonders Couchtische, aus Glas sind ideale „unsichtbare“ Diener – mit ein paar Nachteilen. „Füßeln“, eine beliebte Art des Anbandelns, ist unter Glasplatten schlecht möglich, außerdem muß Glas ständig geputzt und poliert werden, und es ist kalt. Wärmer als Glas ist Plexiglas, das aber leider leicht zerkratzt.

Antiquitäten und Fensterglas

Glas war einmal etwas sehr Kostbares. Es wurde mundgeblasen, aufgerollt, ausgewalzt und zu kleinen Scheiben geschnitten, was erklärt, warum alte Fenster stark unterteilt sind. Diese Scheiben sind nicht so durchsichtig wie die industriell herstellten, man sieht darin Luftblasen oder kleine Unreinheiten. Das macht alte Fensterfronten so charmant.

Renoviert man antike Glasvitrinen, so sollte mundgeblasenes Glas und kein Industrieglas verwendet werden. Beim Ersetzen von alten Fensterscheiben wird man (leider) schon aus Kostengründen Industrieglas verwenden müssen.

Vom Umgang mit Spiegeln

Spiegel sind das härteste Material im Haus, man

TIP OST

ALLES IM LEBEN IST ENERGIE

Positive Energie strömt von runden, ganzen Gegenständen aus. Unordnung, Gerümpel, Schmutz, zerbrochene Oberflächen, Ecken und Kanten zerstören die positive Energie. Sie soll fließen! Bremsen und behindern Sie den Energiefluß nicht!

NEGATIVES GLAS

Man soll Glasplatten vermeiden, erstens wegen des klackenden Geräusches beim Abstellen von Gläsern und Geschirr, zweitens, weil sie den Blick auf die Beine freigeben und deshalb die Gäste bald aufbrechen werden.

GLÜCK UND GLAS

Die Eingangstür soll nicht aus Glas sein, weil das Ch'i durch Glas hinausfließt. Neben der Haupteingangstür soll sich kein Fenster aus Glas befinden, das bringt Unglück. Mauern Sie dieses Fenster zu!

sollte sie also sparsam verwenden und nur dort, wo man sie braucht, im Bad, in der Garderobe oder wenn man einen Raum optisch vergrößern, gar verdoppeln will. Verdoppelt wird man dabei allerdings auch selber. Fragen Sie sich also, ob Sie dies wirklich wollen, bevor Sie eine sündteure Spiegelwand einbauen lassen, die vor langer Zeit ihre Reize und ihren praktischen Zweck hatte: in den Schlössern des Rokoko, wo sich das flackernde Kerzenlicht prächtiger Kristalluster in den Spiegeln vervielfachte und eine romantisch-entrückte Stimmung erzeugte.

Stimmungsvoll sind venezianische, fast blinde Spiegel oder Spiegel mit schönen Rahmen. Wichtig ist, daß man im Spiegel hübsch aussieht: beleuchten Sie den Spiegel rundum oder links und rechts.

Fernöstliche Spiegel

- Alles, was in einem Spiegel reflektiert wird, wird ins Haus hineingezogen, das Schöne und das Häßliche. Achten Sie auf günstige Spiegelbilder!
- Spiegel sollen so groß sein, daß das eigene Spiegelbild noch Platz für die Aura hat. Hat es das nicht, so fühlt man sich beim Betrachten beengt.
- Einander gegenüber hängende Spiegel lassen die Energie hin und her prallen. Dadurch entsteht eine belebende Atmosphäre, die im Eßzimmer erwünscht ist, wenn Gäste eingeladen sind.
- Spiegel verdoppeln die Energie. Spiegelt sich darin das Aquarium oder die Registrierkasse, so bringt dies Geldsegen.
- Spiegel müssen stets gerahmt sein, fehlerfrei und nicht getönt. Zerbrochene Spiegel bringen Unglück.
- Im Schlafzimmer soll dem Bett gegenüber kein Spiegel sein.

Ziegel, Steine, Fliesen

Ziegel ist weicher und wärmer als Stein. Steine sind, je nach Härtegrad und Gewicht, kühl bis kalt. Hartgebrannte und glänzend glasierte Fliesen haben beinah Spiegelwirkung.

In Räumen, in denen man es eigentlich gerne gemütlich hätte, die aus praktischen Gründen aber in harten und kühlen Materialien gehalten sind – also in Badezimmern –, sollte man eine Fußbodenheizung einbauen (fußwarm!). Hingegen ist dort, wo man viel steht, z. B. in der Küche, die künstliche Erwärmung des Bodens nicht angebracht; ein zu warmer Boden behindert die Blutzirkulation in den Beinen. Baut man dennoch in Küchenböden aus Ziegeln oder Terrakotta eine Niedrigsttemperaturheizung ein, so kann man sich durch Tragen von Sandalen mit Holzsohlen relativ gut isolieren.

TIP OST

Benutzen Sie niemals spiegelnde Fliesen!

Textilien

Seide ist kühl, Wolle warm und weich, Samt kühl und weich. Im Schlafzimmer sollte der Anteil an warmen, weichen Textilien am höchsten sein. Auch in Wohnräumen mit Sitz- und Liegemöglichkeiten hat man's gerne kuschelig. Hier verbreiten Textilien eine warme, wohnliche Atmosphäre.

Felle

Ein dichter, wolliger Schafspelz ist wärmer als ein glattes Zebrafell: je feiner und dichter das Tierhaar, desto wärmer ist es, aber auch desto teurer. Der Preis eines Nerzes ist nicht nur deshalb so hoch, weil die Nerztierchen so klein sind, sondern weil er sehr dicht gewachsen und auch bei relativ geringem Volumen besonders warm ist.

Kunststoffe und Naturstoffe

Kunststoffe können, im Gegensatz zu Naturstoffen, alle beliebigen Härte- und Kältegrade einnehmen. Naturstoffe haben klar definierte Eigenschaften. Echter Marmor sieht nicht nur wie echter Marmor aus, er fühlt sich auch so an, nämlich kalt.

TIP WEST

Machen Sie beim Möbelkauf, bei der Auswahl der Wandbekleidung, dem Probesitzen auf dem Sofa die Augen zu. Geben Sie sich dem Haut- und Körpergefühl hin. Genieren Sie sich nicht. Läßt sich das Möbel umarmen? Strahlt es angenehm? Empfinden Sie, es könnte Ihnen guttun? Lassen Sie die Hände lange auf der Tischplatte ruhen, die Sie zu kaufen gedenken. Wird Ihnen kalt dabei oder warm? Streicheln Sie die Stoffe, auf denen Sie zu sitzen gedenken. Laufen Sie barfuß über den Teppich, halten Sie die Wange an die Schranktür.

Falscher Marmor hingegen sieht zwar wie Marmor aus, fühlt sich aber warm an. Naturstoffe täuschen die Sinne nicht, sie enttäuschen daher auch nicht. Kunststoffe hingegen können täuschen – und enttäuschen.

Handgriffe

Die Hände sind mit der Wohnung in engster Berührung, besonders dort, wo man die Dinge anfassen muß; dazu gehören Schalter, Drehknöpfe, Henkel, Bestecke, Türschnallen und Griffe. Hier gibt es oft absonderliche Formen: einerseits minimale Knöpfe, um damit schwere Schubladen herauszuziehen, andererseits ornamentale Handgriffe aus Schmiedeeisen, Ungetüme, die jedesmal ärgern oder verblüffen, wenn man sie in die Hand nimmt.

TIP OST

Ein runder, polierter Türknauf an der Haustüre kann negative Energie abweisen.

Dann gibt es ergonomische Griffe, die sich optimal an die Handfläche anpassen. Meist sind sie leuchtend rot oder signalgelb, damit man sie nur ja nicht übersieht, was in Schulen und Gemeindebauten paßt, nicht aber in die Wohnung.

Bewährt haben sich seit vielen Jahren die einfachen und klassischen Messingschnallen und Türdrehknöpfe; sie sind praktisch und schmückend zugleich.

Die Balance zwischen Leichtem und Schwerem

In einer Wohnung stehen meist schwere und leichte Möbelstücke, wobei das massive Möbelstück auch optisch mehr „wiegt" als das leichte. Wer also Gleichgewicht im Raum anstrebt, wird vom Schweren weniger und vom Leichten mehr verwenden. Aber er wird, um dem Raum gestalterischen Halt zu geben, auf das Schwere nicht verzichten.

TIP WEST

Prüfen Sie beim Kauf, ob Griffe auch gut in Ihrer Hand liegen und ob ihre Proportionen der Schublade, der Schrankfront, der Türe usw. entsprechen. Vorsicht bei antiken, verschnörkelten, ornamentalen Schnallen; sie waren früher vorwiegend Schmuck und wurden immer bloß vom Diener angefaßt, der Handschuhe trug; außerdem gab es Stubenmädchen, die die Dinger eifrig zu polieren hatten. Und wer soll das heute erledigen?

TIP WEST

Neben dem realen Eigengewicht gibt es auch ein scheinbares Gewicht, das sehr wichtig für die Gestaltung ist. Machen Sie einen Versuch. Nehmen Sie zwei gleiche Schuhschachteln; die eine streichen Sie in einer sehr hellen Pastellfarbe, die andere in einer dunklen Farbe. Suchen Sie sich ein Versuchskaninchen. Stellen Sie beide Schachteln nebeneinander und behaupten Sie, in der einen sei viel mehr drin als in der anderen. Ihr Versuchskaninchen wird auf die dunkle Schachtel tippen.

Möbel als Partner

Das Gewicht der Möbel macht den Charakter eines Zimmers aus. Und es sagt auch viel über den Charakter der Besitzer aus. Ein großer und kräftiger Mann, der zierliche Möbel liebt, hat sicher auch ein Faible für zarte Frauen. Jemand, der schwere Eichenmöbel mag, die unverrückbar bis ans Ende ihrer Tage im Eßzimmer stehen, ist wahrscheinlich nicht flexibel. Möbel sind Partner im täglichen Leben, allerdings wesentlich einfacher austauschbar als leibhaftige Partner.

Möbel für Sitzenbleiber

Wo Polstermöbel stehen und wie sie beschaffen sind, davon hängt der Erfolg eines gelungenen Wohnraums ab.

- Eine Sitzgruppe in der Wohnung sollte nicht nur komfortabel, großzügig und einladend, sondern auch kontaktfördernd sein. Der Zugang zu ihr darf nicht verstellt sein.
- Ein Sitzmöbel, das dazu geeignet sein soll, Menschen einander näherzubringen, hat breite, bequeme Armstützen, die eine zweite Person dazu einladen, sich auf dieser Armstütze niederzulassen, sich hinunterzubeugen, zu plaudern, ein Glas zu überreichen...

Egal in welchem Stil sie gehalten sind, Sitzmöbel sollten die verschiedensten Möglichkeiten des Ruhens in sitzendem, liegendem oder halb liegendem Zustand ermöglichen.

- Die Sitz-Liege-Möbel, die Diwane, Ottomanen, Chaiselongues, Vis-à-Vis, Deux-à-Deux dienen als Ruhe- und Sitzmöbel und können bei Bedarf in immer wieder anderen Gruppierungen zusammengestellt werden. Lange Zeit waren sie nur als Antiquität im Handel, nun werden sie von allen Sitzmöbelerzeugern in alten und modernen Formen wieder hergestellt.
- Hocker sind hervorragende Reserve-Polstermöbel.

TIP OST

Günstig für gepolsterte Sitzmöbel ist die Hufeisenform. Starke Lehnen sind besser als schwache. Sowohl die Rücken als auch die Armlehnen sollten den Sitzenden schützend umschließen. Abgerundete Lehnen sind besser als gerade gepolsterte Lehnen.

TIP WEST:

- Ein wuchtiger Fauteuil, ein Eineinhalb-Personen-Sitzmöbel sozusagen, fördert die zwischenmenschliche Kommunikation.
- Die Zweier-Sitzbank fördert den Kontakt und das Gespräch.
- Auf der Dreierbank lassen sich schlecht engere Kontakte knüpfen. Auf ihr sitzen nämlich entweder zwei zu weit auseinander oder drei – und das ist meist einer zuviel.
- Die ideale Sitzgruppe besteht aus zwei (großzügigen) Zweierbänken, zwei Fauteuils mit breiter Lehne und einem Fauteuil mit schmaler Lehne für denjenigen, der die Übersicht behalten soll.

Möbel im Büro

In massiven, den Körper umfangenden Stühlen bleiben Menschen länger sitzen. Solche Stühle sollten also in Räumen stehen, in denen man lange sitzen darf – also zu Hause, im Wohnzimmer, im Gästezimmer, auf der Terasse oder Veranda. Im Büro z. B. möchte man, daß der Besucher nur möglichst kurze Zeit sitzen bleibt. Deshalb (nicht nur darum, aber auch) ist der Chefsessel massiver als der Besucher- oder Klientensessel.

Büromöbel sollen kühl sein, wie die Geschäfte, die an ihnen abgeschlossen werden, oder beweglich wie die Ideen, die an ihnen geboren werden. Das Büro ist der Ort, an dem sich das moderne Möbeldesign erfolgreich austoben kann.

TIP WEST

Der Schreibtisch des Chefs ist immer eine Barriere, eine Art Altar, vor den der Untertan hintritt. Ein kluger Chef hat in seinem Büro daher immer auch noch eine andere gleichrangige Möglichkeit für sich und seine Mitarbeiter geschaffen: einen zweiten Tisch mit Sitzplätzen.

TIP OST

Kreatives Arbeiten wird von einem geschwungenen Schreibtisch gut unterstützt. Wo Präzision und Zahlenarbeit gefragt sind, helfen gerade Kanten. Doch sollten Ecken stets leicht gerundet sein, damit, wie es im Feng-Shui heißt, nicht Ihr Geld vom Schreibtisch rutscht.

TIP WEST
Ältere Menschen mögen härter gepolsterte Sitzmöbel, die auf höheren Beinen stehen, z. B. Ohrensessel; Jüngere versinken gerne im Pfuhl, sie haben noch genügend Energien, um aus eigener Kraft hochzukommen.

Orte zum Kuscheln

Ein Schlafzimmer sollte so beschaffen sein, daß man sich (nicht nur ins Bett) fallenlassen kann! Im Wohnzimmer sollte es zwei Bereiche geben, einen zum „Fallenlassen“ und einen, der mit etwas mehr Respekt behandelt wird.

Die Möglichkeit, (beinahe) allerorten mit dem Partner kuscheln zu können, macht aus einer Wohnung eine sinnliche Wohnung. Zu einer solchen gehören Sitz- und Liegemöbel aller Art, in denen man sich selbst vergessen kann.

„Ganz in Weiß"
ist reizvoll, wenn
man mit Strukturen
experimentiert

Die Wirkung von Strukturen in der Wohnung

Sehen Sie sich in der Natur um. Da gibt es den Wald und die nahe Wiese (grobe Strukturen), die Büsche, die die Wiesen umgeben (mittlere und feine Strukturen), und den blauen Himmel (glatte Struktur). Natürlich und entspannend wirkt ein Raum, der diese natürlichen Abstufungen wiederholt, in dem das Grobe unten und das Feine oben ist: die grobe Struktur auf dem Boden (Holz, Matten), mittlere Strukturen an der Wand (lackierte Täfelung, gewachstes Paneel, Kalkanstrich), eine feine Struktur (glatter Anstrich) an der Decke. Wenn der Boden dazu auch noch dunkel, die Wand pastellfarben, weiß oder bunt und die Decke sehr hell ist, wirkt der Raum besonders natürlich.

Glänzende, glatte Akzente

Stellen Sie sich einen Wohnraum vor, in dem auf Farbe und Muster verzichtet wird und in dem nur das Material, die Oberfläche und die Form wirken. Ein kleiner Raum dieser Art, in dem keine groben Materialien verwendet werden, ist vor allem kuschelig und damit ein idealer Schlafraum. Damit er nicht langweilig wirkt, setzen Sie mit Glanz Akzente. Ein kleiner Schlafraum in Wolle (Teppich), Leinen und Baumwolle bekommt Seidenglanz durch Kissen, die mit Chintz bezogen sind, harten Glanz durch einen gerahmten Spiegel und weichen Glanz durch Messingkerzenleuchter oder eine Messinglampe. Die seidenmatt glänzende Fläche sollte dabei wesentlich größer sein als die hartglänzende.

Beim Bekleiden wie beim Wohnen ist es am einfachsten, wenn man Akzente mit wenig Glanz erzielt, z. B. mit vergoldeten Rahmen oder polierten Messingknöpfen.

Fein und grob

Stellen Sie sich eine wurmstichige gotische Holzmadonna in einem Marmorsaal vor, einen zerschlissenen antiken Gobelin an der Wand eines High-Tech-Büros, eine moderne, rostige Eisenskulptur in einem ausgebauten, weitläufigen Dachboden. Das kann sehr nobel und großartig aussehen, paßt aber nicht in jedes Ambiente. Man kann Akzente auch mit Grobem setzen, das man mit einer feinstrukturierten Basis kombiniert.

- Grobes sollte gekonnt präsentiert werden. Dabei nimmt man vom Groben im Vergleich zum Feinen wenig, denn Grobes wiegt schwerer.
- Fragmente, Pergamente, roh gehämmertes Schmiedeeisen, wurmstichiges Holz, rissige Balken brauchen eine großzügige Umgebung, um als Akzent wirken zu können.
- In einer kleinen, eher bescheidenen Umgebung wird nicht nur das grobstrukturierte moderne Kunstwerk stören, sondern auch der wurmstichige Balken, weil er zu schwer wirkt.

Handelt es sich beim Groben nicht um

einzelne Dekorationsstücke, sondern um Konstruktionselemente, z. B. um rissige Balken in einem alten Bauernhaus, so verträgt ein Raum mehr vom Groben. Allerdings nur dort, wo es sich um eine „gewachsene" Struktur handelt. Wenn die rissigen Balken falsch sind, nichts tragen und in ein Hochhausappartement nachträglich eingebaut wurden, stören sie das Wohlbefinden.

TIP WEST
VORSICHT, HANDWERKER!
Wer beim Handwerker bestellt – was immer es auch ist –, der verlange von ihm nur die Handarbeit und nie einen besonderen Touch. Sonst wird er womöglich versuchen, besonders natürlich zu sein: Er wird die Struktur mit Sicherheit überzeichnen. Er wird ein paar Dellen zuviel machen, die Farbe zu dick anrühren, also Perfektion in die unregelmäßige Struktur bringen wollen – und dann ist der natürliche Eindruck dahin.

In einem alten Bauernhaus ist es oft so, daß naturgemäß das Grobe die Basis bildet. Es künstlich z. B. mit Muschelputz noch unterstreichen zu wollen, wie es leider oft geschieht, wirkt aufdringlich. In einem hübschen alten Ambiente setzt man die Akzente am besten mit Glanz, in der neuen Villa hingegen, die aus neuen Materialien gebaut ist, kann das Feine die Basis bilden, und die Akzente können durchaus mit Grobem gesetzt werden.

Handwerkliche Strukturen

Manchmal produzieren das Handwerk und der Zufall Strukturen, die den natürlich gewachsenen sehr ähnlich sind. Schon durch die einfache Bearbeitung eines Materials mit der Hand entsteht eine Unregelmäßigkeit, die natürlich wirkt.

Zum Beispiel durch den Pinselstrich.

- Taucht man einen Pinsel in etwas dicker angerührte Kalkfarbe und streicht man damit die Wand, so entsteht eine unaufdringliche, angenehme Struktur, die der Wand Leben verleiht.

- Wird Beize auf abgebeiztes Holz oder Rohholz mit einem Schwämmchen aufgetragen, werden Tonplatten von Hand geformt (und glasiert) und von Hand verlegt, wird Blattgold aufgelegt und Eisen gehämmert, entstehen natürlich wirkende Oberflächen.

Echtes, einfaches Handwerk bringt Wohnlichkeit ins Haus.

Das Auftragen von Beize mit einem Schwämmchen oder das Streichen der Wand mit dem Pinsel ist eine Arbeit, die keinerlei Perfektionsanspruch stellt, man kann sie leicht selbst erledigen. Auch das Weben von Naturwolle zu Teppichen, das Legen von Ziegelböden oder das Hobeln von massivem Holz erfordern kein besonderes künstlerisches oder handwerkliches Talent. Solche handwerklich hergestellten Strukturen werden sowohl vom Auge als auch vom Tastsinn als Wohltat empfunden.

Wohnen mit Büchern oder die Zufallsstruktur

Glücklich ist, wer viel liest. Nicht nur, weil er mehr weiß, auch, weil er besser wohnt. Die Wohnung eines Lesers einzurichten, ist kein Problem: Sie ist immer gut eingerichtet. Wohlgefühl ergibt sich in dieser Wohnung von selbst. Warum?

Betrachten Sie einmal eine Bücherwand, eine Bibliothek. Die Oberfläche, die durch die Bücherrücken gebildet wird, zeigt eine besondere Struktur: sie ist zufällig zustande gekommen, ist demnach unregelmäßig und hat viel Inhalt. Eine Bücherwand kommt also den Naturstrukturen sehr nahe. Sie bringt Leben in jeden Raum – allerdings nur, wenn man ihr ansieht, daß die Bücher auch gelesen werden.

TIP WEST

Bücherwände, Bücherregale und eingezogene Bücherwände als Raumteiler sind ein Plus für jede Wohnung, allerdings nicht unbedingt für Hausstauballergiker. Diese brauchen verschließbare Bücherschränke.

TIP OST

Bücherregale sollten nie höher als tischhoch sein, weil sie sonst den Eindruck erwecken, umfallen zu können, aber auch, weil Regalbretter schlechtes Ch'i aussenden, jedes Brett hat ja eine Kante. Daher ist es besser, Bücher hinter verschlossenen Türen aufzubewahren.

Weniger vom Scharfkantigen und mehr vom Runden ist das Geheimnis der Behaglichkeit

Kostbare Kristalle auf samtweicher Haut

Strukturen sind dreidimensionale Oberflächen, begreifbar mit den Händen, fühlbar mit der Haut, sichtbar mit den Augen.

Machen Sie einen Spaziergang, eine Wanderung. Wie empfinden Sie eine sanfte, mit grünen Wiesen bedeckte Hügellandschaft? Wie eine felsige, steinige Gegend? Sie werden Antworten finden, die ähnlich sind wie die folgenden:

◆ Was bizarr und grob, was spitz und scharfkantig ist, wirkt aufregend, aber auch verletzend, gefährlich, übermächtig. Man könnte sich daran weh tun. Im Unterbewußten erzeugt es Angst und Abwehr, also Streß.

◆ Was der menschlichen Haut ähnlich ist, wie weicher Sand oder eine kurzgeschorene Parkwiese, wirkt angenehm vertraut. Man mag es, weil es einladend ist.

◆ Was funkelt, spiegelglatt ist und glänzt, erscheint als etwas Besonderes, wie z. B. ein Tautropfen.

TIP WEST

Weil das Funkelnde, Glatte und Glänzende in der Natur den Stellenwert des Seltenen hat, aber auch, weil es früher durch Schliff und viel Mühe nur teuer herzustellen war, erscheint es kostbar. Vom geschliffenen Edelstein über den Bergkristall zum Glas konnten sich nur die sehr Wohlhabenden diese durchsichtigen oder mit dem Licht spielenden Dinge leisten. Auch heute noch machen Glanz, Schliff und Kristall einen kostbaren Eindruck, obwohl die Herstellung industriell und billig ist. Man darf daher auf keinen Fall zuviel davon verwenden! (Am besten am Christbaum einmal im Jahr).

Wie auf des Messers Schneide

In einer wohnlichen Umgebung sollte es mehr vom Abgerundeten als vom Scharfkantigen, mehr vom Runden als vom Spitzen geben.

Scharfe Kanten sind aggressiv, sie wirken auf das Unbewußte beinahe wie die Schneide eines Messers. Es wäre aber schade, alles Scharfkantige aus der Wohnung zu vertreiben. Eine Wohnung ohne Kanten und Ecken ist fade, wie ein Gericht ohne Gewürze.

Was macht man mit scharfen Kanten? Man rundet sie beim nächsten Ausmalen ab, stumpft sie ab, schleift sie ab, schrägt sie ab. Abgerundete Mauer- und Möbelkanten sind außerdem viel praktischer als scharfe. Abgerundete Möbelkanten, die man gerne anfaßt, wirken belebt und benützt. Abgerundete Mauerkanten werden viel später bröckelig oder schäbig als scharfe.

TIP OST

Hängt man geschliffene Kristalle in der Größe von Ping-Pong-Bällen in das Fenster, die das morgendliche Sonnenlicht aus dem Osten oder die Nachmittagssonne aus dem Westen einfangen, so entstehen nicht nur prächtige Lichtspiele im Zimmer; auch das Ch'i, der Fluß der Lebensenergie, wird dadurch angeregt.

TIP OST

Alles Scharfe, Kantige, Spitze erzeugt Giftpfeile, die einen „schädlichen Hauch" erzeugen. In der Wohnung läßt sich die schädliche Energie, die von einer Kante ausgeht, mit Pflanzen neutralisieren. Man kann Kletterpflanzen, z. B. Zimmerefeu, eine Kante entlang oder in die Höhe ziehen. Ragt eine Ecke in einen Raum, dann kann man einen Topf mit einer hübschen Grünpflanze davorstellen.

Die Vielfalt der Naturstrukturen

Das Interessante an der Wiederholung und Langeweile lebendiger Strukturen in der Natur ist, daß sie Inhalt haben; sie bringen zusätzliche Information, je mehr man sich ihnen nähert. Eine blühende Wiese ist ein Aha-Erlebnis, eine aus der Nähe betrachtete Wiese ein weiteres Aha-Erlebnis. Künstliche Strukturen, also solche, die Natur imitieren, wie z. B. „Muschelputz", bringen bei näherer Betrachtung keine inhaltliche Bereicherung, sondern bieten nur oberflächliche Information.

Die Skala der Naturstrukturen erstreckt sich von glänzend und glatt (Kristalle, Metalle, polierte Steine) bis zu grob, wild und zerklüftet, von öde über spärlich bewachsen bis zu reich und üppig.

Strukturen besitzen gleichzeitig mehrere Eigenschaften, die sowohl den optischen als auch den taktilen Sinn ansprechen. Etwas ist z. B. hart und glänzend, oder es ist seidig und weich. Die Akustik eines Raumes hängt von seinen Oberflächen ab, die ja die Schallwellen reflektieren oder schlucken.

All diese Strukturen haben ein „Gewicht". Am schwersten wirkt metallisch harter Glanz. Er wiegt mehr als Mattes und Weiches. Eine wilde, grobe Struktur wiegt schwerer als eine feine.

Die Skala der Naturstrukturen

- *Glänzend:* reflektiert das Licht, wirkt hart (dominiert).
  Hartglänzend: Spiegel, Kristalle, Kunstharzlack, Metall, Messing lackiert.
  Hochglänzend: Polituren, Messing poliert.
  Weichglänzend: Polituren, Chintz.
  Sehr weich glänzend: gewachst, aufgeglänzt, geölt, speckiger Glanz und Firnis.
  Schimmernd: silbrig, polierter Granit, Steine, edle Hölzer, Seide.
  Irisierend: Perlmutt, Opale, Farben mit diesem Effekt, Einlegearbeiten mit Perlmutt, Glasuren, Kacheln, Ölfleck.
  Naßglänzend: glattes Leder, nasse Wiese.
- *Wie die menschliche Haut:* Mittelwert zwischen irisierend und matt.
- *Matt:* schluckt das Licht, das Weiche dominiert.
  Seidenmatt: Schnee, Moos, Wiese, Felsen.
  Glatt und matt: porig wie Haut und Holz.
  Tuchmatt: wie Stoffe, Leintücher, Baumwolle, Teppiche, Samt, feingeschliffenes, unbehandeltes Holz, gespaltener Stein, Schiefer.
  Fein: Textilien, Weichholz, Birnenholz, Ziegel gewachst.
  Grob (rauh): wie Sisalteppiche, Rauhleder (künstlich aufgerauht), Eiche (insbesondere die Mooreiche), Schwemmholz, Travertin, unglasierter Ton (Ziegel), feiner Putz, grober Putz, rissige Balken, Konglomerate.

Die erste, zweite und dritte Haut des Menschen

Die Struktur der menschlichen Haut liegt im Bereich zwischen irisierend, seidenmatt und matt; sie wird im Alter matter und kann durch Pflege auf Seidenglanz gebracht werden. Die angenehmsten Basisstrukturen im Wohnbereich sind jene, die der menschlichen Haut am nächsten kommen, also Samt, Seide, Leinen, gewachstes Holz, Leder, Baumwolle.

TIP WEST

Fensterbekleidungen, d. h. Vorhänge, verschlingen enorm viele Meter Stoff und viel Geld. Versuchen Sie es mit preiswertem Molino oder mit seidenmatten Kissen- und Deckenbezügen; es gibt sie in naturweiß, ziegelrosé, blau und anderen Pastellfarben.

Alles, was Sie gerne auf der Haut tragen, sollte sich auch in der textilen Ausstattung Ihrer Wohnung wiederfinden. Wenn Sie künstliche Materialien nicht vertragen, dann sollten diese auch im Haus nicht verwendet werden. Die dritte Haut ist zwar weiter von Ihrem Körper entfernt als die zweite, die Bekleidung, aber sie ist immer noch nahe genug, um schmeicheln oder irritieren zu können.

TIP WEST

So erkennen Sie die wahre Haltbarkeit eines Gegenstandes: Kaufen Sie nur Dinge, bei denen die Oberfläche, das Material und der Inhalt die gleiche Haltbarkeitsdauer haben, oder Dinge, deren einzelne Teile reparierbar oder austauschbar sind. Was nützt ein Sofa, dessen Bezug früher kaputt wird als die Füllung? Was nützt ein Elektrogerät, dessen Äußeres früher schäbig wird als der Mechanismus? Und was nützt ein praktischer Schrank, wenn er eine Form hat, die rasch unmodern wird? Stil, Material und Funktion sollten die gleiche Lebensdauer haben.

Fehlerhafte Oberflächen

Fehler mindern die Qualität. Ein Stoff mit einem Webfehler, eine Platte mit einem Loch, Risse im Lack wirken mehr oder weniger störend. Je künstlicher und glatter die Oberfläche ist, desto eher bemerkt man solche Fehler. Ein eingebranntes Loch einer Zigarette in der beschichteten Resopalplatte ist viel auffallender als ein ähnliches Loch in einer seit Jahren benützten Tischplatte. Risse in alten Balken stören nicht, Risse im verputzten Mauerwerk schon. Hausfassaden sind wie menschliche Gesichter. Läßt sich ein Mensch im Alter die Haut liften, dann muß er auch die Zähne regulieren und perlweiß beschichten; umgekehrt fällt ein regelmäßiges neues Gebiß in einem faltigen Gesicht besonders auf.

An der Fassade des alten Hauses stören Fensterbalken nicht, an denen der Lack abblättert. Streicht man die Fassade aber neu und glatt, so muß man leider auch die Fenster renovieren.

Struktur-Disharmonien

Die Kombination von Strukturen (und Formen) ist ebenso leicht oder schwierig wie die Kombination von Farben. Meist liefert die Herkunft die Antwort zur Frage, ob sich Strukturen miteinander vertragen oder nicht.

Ein gewachstes Weichholzmöbel und ein Hochglanzbiedermeierschrank passen nicht zusammen, weil das eine ein ärmliches Küchenmöbel ist, das andere Sym-

bol kleinbürgerlichen Wohlstands. Ein weiß gestrichener alter Küchenschemel und ein weißer Plastikhocker passen nicht zusammen, weil das eine Natur und Handwerk, das andere Industrie und Künstlichkeit bedeutet.

Solche Disharmonien gibt es öfter, vor allem in der Altstadtsanierung bei neuen Fassaden, die aussehen wie die alten daneben, die aber mit modernen Kunststoffen erzeugt werden. Da wäre es viel besser, neben das alte, kostbare Gebäude eines guten Architekten ein zeitgemäßes modernes Gebäude eines zeitgenössischen guten Architekten hinzustellen. In diesem Fall steckt Kreativität hinter beiden Gebäuden, im ersten Fall steht die Imitation neben der Kreativität.

Ein alter Porzellanteller aus Meißen und eine grobe Tontasse, Kunstleder und Leder, Kunstseide und Seide, Eichenholzimitationen und Eiche „echt" passen nicht zusammen. Was nicht heißt, daß man sie nicht kombinieren kann; dazu muß man aber ein Künstler sein der mit solchen Disharmonien spielt und daraus spannungsreiche Kunstwerke macht.

TIP WEST

Feuchter Glanz ist das Gegenteil von Patina, er läßt Oberflächen frisch erscheinen. Blumenarrangements und Zimmerpflanzen sollte man häufig mit Wasser besprühen. Jeder Strauß, jedes Bäumchen wirkt frischer, wenn Blüten und Blätter von künstlichem Tau benetzt sind. Polituren, Cremes, Lacke imitieren Feuchtigkeit und Nässe – sie verbessern den optischen Eindruck.

Lebendige Patina

Patina erweckt Oberflächen zum Leben.

Man kann verhindern, daß Patina entsteht (indem man z. B. Holz imprägniert), man kann Patina aber auch künstlich erzeugen. Patinieren war eine Kunst des Barock, damals galt als schön, was besonders alt aussah; Steinfiguren und Kupferwannen wurden mit Anstrichen versehen, die ein rasches Verwittern und/oder Oxidieren möglich machten.

- Patina macht Konturen weicher.
- Patina ist dort angenehm, wo die Strukturen eines Materials ohne Qualitätsverlust verwittern und altern, bei Holz, Ziegeln und Stein. Auf manchen Materialien allerdings ist Patina nicht erwünscht, z. B. am Fensterglas.
- Manche Oberflächen werden durch Patina unappetitlich, so z. B. alle fugenreichen Elektrogeräte im Küchenbereich. Patina ist nicht mit schmierigem Dreck zu verwechseln.
- Eine schöne Patina erhalten nur jene Dinge, die durch und durch aus einem Material bestehen, also massiv sind. Chemisch vergoldete Dinge werden durch Patina schäbig, auch Vernickeltes nutzt sich unschön ab.

Der Geruch

Düfte und Gerüche im Wohnraum

Der Geruchssinn ist der ursprünglichste unserer Sinne, man könnte auch sagen, der animalischste. Das erste, was Babys sinnlich und genüßlich erfahren, ist der Duft der Mutterbrust. Gerüche beeinflussen die Stimmung und die zwischenmenschlichen Sympathien. Gerüche verbreiten Botschaften: Botschaften von Gefahr, Wohlergehen, Zufriedenheit, Arbeit. Wenn es im Haus nach Braten riecht, ist es wahrscheinlich Sonntag, und mit dem Duft des Kaffees beginnt für viele Menschen der Tag.

Wenn man das Fenster öffnet, weht leider selten der Duft von frischem Heu ins Zimmer – es strömt Gestank herein, von der Müllverbrennungsanlage, der Tankstelle, dem Siloturm, dem Wochenendverkehr. Schlossereien, Tischlereien, Sägewerke, Gasthöfe, Kaffeeröstereien oder Schlachthöfe: sie alle verströmen ihre spezifischen „Duftnoten". Ihnen ist man ziemlich ausgeliefert. Im Inneren der Wohnung aber kann man Gerüche beeinflussen.

Schließt man die Fenster, so wohnt man in einer persönlichen Geruchsatmosphäre, die sich aus Eigen- und Fremdgerüchen zusammensetzt.

Eigengeruch haben sowohl die Wohnmaterialien als auch die Bewohner, Fremdgeruch entsteht beim Kochen, bei der Körperpflege, beim Putzen und Waschen mit diversen Putz- und Pflegemitteln.

Nicht nur die Naturmaterialien, auch die Kunststoffe haben einen Eigengeruch. Bücher riechen, der Plattenspieler riecht, die Glühlampe und das Fernsehgerät, Metall riecht, die Wände riechen und erst der Keller! Wir sind von Gerüchen umgeben.

Es hängt auch vom Wetter ab, wie eine Wohnung riecht. In feuchtem Klima „muffelt" es gerne, d. h., daß sich alle individuellen Gerüche zu einem undefinierbaren Ganzen vermischen, das dann in der Wohnung hängt. In trockenem Klima ist das anders, dort bleiben die Gerüche rein und hinterlassen klar erkennbare Geruchsspuren. Gehen Sie doch einmal an einem trockenen Herbsttag in einer Gegend spazieren, in der weit und breit kein Auto fährt. Kommt dann doch einmal eines, so können Sie es, falls die Geruchsspur zu Ihnen zieht, intensiv riechen. In der Großstadt hingegen ist die Luft so von Autoabgasen geschwängert, daß sie nicht mehr einzeln bemerkt werden.

TIP WEST

Verschiedene Kulturen verströmen unterschiedliche Gerüche. Oft werden diese Gerüche auch mit den Textilien und Möbeln aus diesen anderen Kulturen mitgeliefert: Gerade im orientalischen Bazar, wo sich sämtliche Düfte des Orients mischen, ist es bei Teppichen aus Schafwolle und Lederwaren aus Ziegen- und Kamelleder unbedingt notwendig, die Nase daran zu halten und tief und konzentriert einzuatmen, bevor man sich zum Kauf entscheidet.

Potpourris

Mit duftenden Blüten und Kräutern kann man die Duftkulisse eines Raums ändern. Potpourris sind attraktive Mischungen aus Blüten und Blättern, Kräutern und Gewürzen, ätherischen Ölen und aus einem Fixiermittel, das die Düfte festhält. Das neutralste pflanzliche Fixiermittel ist die feingemahlene Wurzel der Iris florentina, die man im Fachhandel oder in Apotheken kaufen kann.

Man kann Potpourris auf die trockene und die feuchte Art herstellen, die trockene Art ist einfacher:

Die Blätter, Blüten, Kräuter und Gewürze sollen völlig trocken sein. Man mischt sie – je nach Rezept – vorsichtig mit dem Fixativ, beträufelt sie mit dem empfohlenen ätherischen Öl, gibt sie in ein verschließbares Papiersäckchen oder eine mit Seidenpapier ausgekleidete Schachtel und lockert und mischt die Zutaten vorsichtig jeden zweiten Tag zwei Wochen lang. Dann ist die Duftmischung fertig und wird in ein hübsches, verschließbares Gefäß gegeben, das man bei Bedarf öffnet, um den Duft entströmen zu lassen. Man kann Potpourris hin und wieder mit ätherischen Ölen und hübschen Blüten auffrischen. Die untenstehenden Duftkompositionen sind nur Empfehlungen, man kann seiner Phantasie freien Lauf lassen.

TIP WEST

Potpourris, aber auch Trockenblumensträuße sind ein Stück tote, verwelkte Natur im Raum. Die Farben sind blaß, und die Blumen neigen dazu, verstaubt auszusehen oder auch wirklich staubig zu werden. Blumen sollte aber Freude und Frische ausströmen! Deshalb sollte man seine Liebe zu Trockenblumen nicht übertreiben und sich lieber mit frischen, duftenden Blumen umgeben.

PFINGSTROSENPOTPOURRI

85 g rosafarbene Rosenknospen
110 g Patschuliblätter
55 g Hibiskusblütenblätter
55 g dunkelrote Rosenblütenblätter
55 g Zedernrinde in Stückchen
30 g gemahlene Iriswurzel
55 g Pfingstrosenblütenblätter
8 Tropfen Patschuliöl

RINGELROSENKUNTERBUNT

1/2 Tasse Thymian
2/3 Tasse Pfefferminzblätter
1/3 Tasse Basilikumblätter und/oder
1/3 Tasse Kamillenblüten
1/4 Tasse gemahlene Iriswurzel
1/2 Tasse Ringelrosenblütenblätter
1/4 Tasse Zitronengras
20 Tropfen Pfefferminzöl
20 Tropfen Basilikumöl

Frische, duftende Blumen

Lavendel, Rosmarin und Duftpelargonien sind duftende Pflanzen, die man im Sommer vor und im Winter im Haus hat. Dort sollten sie nicht in irgendwelchen Abstellkammern überwintern, sondern einen Platz in einem etwas kühleren Raum, z. B. dem Vorraum, oder nahe beim Fenster bekommen. Sie sind eine lebendige, natürliche Duftquelle, wie duftende Rosen, vor allem alte, gefüllte Rosen. Pflanzt man sie vor den Eingang des Hauses oder den Weg entlang, der zum Haus führt, so bilden sie ein paradiesi-

TIP OST

Von Topfpflanzen mit runden Blättern und frischen Blumen geht ein gutes Ch'i aus. Sie absorbieren den Elektrosmog, darum sollten sie in keinem Raum, auch nicht im Büro, fehlen. Rote Rosen im Schlafzimmer fördern die Liebe. Vorsicht vor Trockenblumen, sie symbolisieren den Tod und können Quellen von Unglück sein! Seidenblumen hingegen verbreiten ein gutes Ch'i.

sches „Duftspalier“, das den Besucher zart geleitet. Duftende rote Rosen sind sowohl in westlichen als auch in asiatischen Kulturen Blumen der Freude, des Wohlwollens und der Liebe.

Der Duft des Holzes

Holz hat die Eigenschaft, den Geruch im Raum aufzunehmen und trotzdem seinen Eigengeruch wirken zu lassen. Der Eigengeruch von Holz ist je nach Holzart verschieden. Nadelhölzer duften nach Harz, wobei Zedern und Zirben den vorzüglichsten Duft haben, der sich Hunderte Jahre hält. Eine Stube, die in Zirbe ausgekleidet ist, verliert ihren Duft nicht, solange sie „lebt“. Sie ist Balsam für die Seele und in ihr schläft man wie ein Murmeltier.

TIP WEST

Wer möchte, daß Kaminholz nicht nur knistert, sondern auch duftet, der sollte einige harzreiche Kienspäne von Kiefern zum Birken- oder Buchenholz legen

Laubhölzer hingegen duften nicht immer angenehm. Eiche riecht sauer, Esche penetrant. Pappel, Birke und Ahorn sind nahezu geruchlos.

An exotischen Hölzern sollten Sie unbedingt schnüffeln, bevor Sie die Brieftasche zücken und ein solch edles Stück (bitte nur aus Plantagenzucht!) kaufen.

Holzpflegemittel, die gut riechen

Extrakte aus Rosen, Lavendel, Rosmarin, Veilchen, Fenchel oder Süßdolde waren beliebte Düfte, die man dem Wasser beigab, mit dem man unbehandelte Holzböden nach der Reinigung aufwischte. Man rieb die Böden mit Bürste und Kernseife, die einen frischen Geruch verströmt, man pflegte sie mit Bienenwachs, das nach Honig riecht. Im Süden verwendete man zur Pflege der Vollholzmöbel Olivenöl und Zitrone.

Duftende Möbelpolituren wurden früher selber hergestellt. Sie beinhalten meist Bienenwachs, Terpentin, Essig und Leinöl und werden auf das naturbelassene (unbehandelte) Holz aufgetragen, mit dem Tuch eingerieben und mit einer weichen Bürste auf Glanz nachgebürstet. Tischplatten, Fußböden und Truhen bekommen nach mehrmaliger Pflege einen satten Glanz.

MÖBELPOLITUR MIT LAVENDEL ODER ROSMARIN

350 g Bienenwachs
1,5 l Terpentin
1 l Wasser
50 g Schmierseife
Lavendelöl/Rosmarinöl

Man erhitzt Wasser in einem Topf und stellt den zweiten Topf, in den man das Bienenwachs und das Terpentin gegeben hat, über den heißen Dampf, sodaß das Wachs schmilzt. In einem dritten Topf bringt man 1 l Wasser zum Kochen und verrührt die Schmierseife darin. Nach dem Abkühlen beider Mischungen gibt man unter Rühren nach und nach soviel Seifenlösung in das Wachs, bis alles dickcremig ist. Dann fügt man, sparsam, tropfenweise, soviel Lavendelöl oder Rosmarinöl bei, daß der Wachsgeruch nicht überlagert wird. Man füllt die Politur in verschließbare Gläser.

Das Schaf im Haus

Wollteppiche haben einen starken Eigengeruch, der immer wieder neu auffrischt, wenn man sie feucht reinigt. Das macht man am besten im Winter. Man legt die Teppiche mit dem Flor nach unten auf frischgefallenen Schnee und klopft sie gut durch.

Teppiche (und Polstermöbel) kann man aber auch in der Wohnung klopfen. Damit beim Klopfen kein Staub herumwirbelt, legt man ein Leintuch auf die Teppiche und Polstermöbel, das man in eine Mischung aus Molke, Wasser und Essig getaucht und ausgewunden hat.

KRÄUTERKISSEN GEGEN KOPFSCHMERZEN

6 Teile getrocknetes Zitronenkraut
2 Teile getrockneter Lavendel
1 Teil getrockneter Majoran
einige zerstoßene Gewürznelken

DUFTKISSEN AUS DER PROVENCE

Man füllt damit Kissen, die man auf Sofas legt. Wunderbaren Duft verströmt eine Füllung aus 4 Teilen getrocknetem Reseda, 2 Teilen getrockneten Rosenblütenblättern und 1 Teil getrockneten Rosmarinnadeln.

LAVENDELSÄCKCHEN

Man kann auf viele Duftkräuter verzichten, auf Lavendel sicher nicht. Damit der Lavendel im Säckchen noch besser und anhaltender duftet, gibt man auf 90 g Lavendelblüten 30 g gemahlene Iriswurzel als Fixativ und 4 Tropfen Lavendelöl als Duftverstärker.

Was gegen Motten hilft

Wolle, Pelze und Stoffe, die man in Schränken aufbewahrt, sollten immer sauber sein, da schmutzige Kleider Motten anziehen. Selten kommen Motten in Schränke, die aus duftendem Zedern-, Zypressen- oder Zirbenholz bestehen, auch Kiefernholz mögen sie nicht.

Düfte gegen Motten

Was Motten vertreibt, ist der Duft frischer Holunderzweige und frischer Walnußblätter. Wirksam ist eine Mischung aus Cayennepfeffer, Neugewürz und Kampfer: Die zerstoßenen Gewürze gibt man in Leinensäckchen, die man in die Falten, Pelze, Pullover und Kleider legt. Frischer Tabak, Patschuli und Nelkenöl gelten ebenfalls als Mottenvertreiber.

Fernhalten kann man die Motten auch, wenn man in den Schrank Säckchen mit Lavendel und Zedernholz legt (1 Teil Zedernholz auf 3 Teile Lavendel). Auch Thymian und Gewürznelken, dem Lavendel beigemengt, vertreiben die lästigen Insekten.

Düfte für Wäscheschränke und Betten

Im Süden Europas wurde die Bettwäsche zum Trocknen in die Sonne auf duftende Lavendel- und Rosmarinsträucher gelegt. Wenn man in den Bergen weiter im Norden wohnt, und die Bettwäsche gut gespannt so an die Leine hängt, daß man sie nachher nicht bügeln muß, und wenn man sich noch am selben Tag in diese Wäsche legt, so durchströmt ein wunderbarer Geruch von Ozon Schlaf und Träume. Hat man aber keine Möglichkeit, Wäsche in der Frische der Natur zu trocknen, dann kann man Lavendelsäckchen zwischen die Wäsche in die Schränke legen.

Früher, als man auf mit Blättern oder Heu gefüllten Matratzen oder Säcken schlief, gab man der Fülle auch Duftkräuter bei, die nicht nur eine entspannende Wirkung hatten, sondern auch gegen Flöhe halfen.

Kräuterkissen gegen Flöhe

Heute dient dieses Rezept dem Wohlergehen von Hunden und Katzen. Wenn man in die Schlafkissen der Tiere getrocknete Raute und getrocknetes Marienkraut füllt, bleiben die Flöhe fern. Besonders wirksam ist die Mischung, wenn die Füllung des Kissens aus getrocknetem Rainfarn besteht.

Klebstoffe riechen

Wir leben mit Kunststoffen, und viele von ihnen sehen wir nicht, wir können sie nur riechen. Dazu gehören z. B. die Klebstoffe. Ein Raum, in dem ein neuer Teppichboden verlegt wurde, riecht scharf und unangenehm. Dieser Geruch verflüchtigt sich, aber nur begrenzt, wir gewöhnen uns einfach daran. Auch natürliche Klebstoffe, wie z. B. Fischleim, stinken.

TIP WEST

Vermeiden Sie es, zu leimen und zu kleben, wählen Sie andere Methoden der mechanischen Verbindung. Ihre Nase wird es Ihnen danken

Klebstoffe, ob künstlich oder natürlich, befinden sich nicht nur zwischen, sondern auch in Materialien, etwa in sogenannten Vollholzplatten, das sind dreifach kreuz und quer zu dicken Platten verleimte Holzstückchen, die mit Massivholz wenig zu tun haben.

Sterile Kunststoffe

Glatte, geruchlose Kunststoffe verbinden sich nicht mit Gerüchen und speichern auch keinen Geruch. Solche Kunststoffe sind wunderbar dazu geeignet, zu Rohren verarbeitet zu werden (z. B. zu Wasserleitungsrohren). Auch in der Küche, im Bad, oder im Wohnzimmer erfüllen sie ihre Zwecke im technischen Bereich. Wo Kunststoffe aber nicht notwendig sind, sollte man sie vermeiden, auch wegen des Geruchsproblems. Fremdgerüche legen sich wie ein Film auf die Oberflächen von Kunststoffen, sie werden nicht absorbiert.

Das bedeutet, daß in einer Wohnung, in der es neben vielen Kunststoffen viele Fremd- und Eigengerüche von Menschen, Nahrungsmitteln und Haustieren gibt, diese Gerüche so lange im Raum hängen bleiben, bis sie mit Putzmitteln, die wiederum Fremdgeruch ausströmen, weggewischt werden.

Tannenduft zur Verbesserung der Luft

Man schneidet grüne Tannenzapfen in Scheiben, gibt einen Eßlöffel Salz darauf; dazu kommen sechs Kalmuswurzeln, ein Eßlöffel Essig und zehn grüne Wacholderbeeren. Man vermischt alles gut, gibt es in ein Glas und übergießt es mit Weingeist, verschließt das Glas und stellt es den Sommer über an die Sonne. Im Herbst gießt man die Flüssigkeit durch ein Sieb und bewahrt sie in Flaschen auf. Man gibt die Essenz in eine Schüssel mit Wasser, die man auf den Ofen (Heizkörper) stellt, oder versprüht sie, mit Wasser vermengt, mittels einer Sprühflasche.

ROTBUCHE
Fagus sylvatica

Willkommen im Vorraum

Der Vorraum ist die Visitenkarte einer Wohnung. Noch bevor wir uns in einem Haus umsehen, nehmen wir im Vorraum den spezifischen Geruch eines Hauses wahr. Was aber hängt und steht meist im Raum, der den ersten Eindruck vermittelt? Mäntel und Schuhe. Sind Mäntel am Haken selten optische Attraktionen, so ist der Geruch von Schuhen, insbesondere von verschwitzten Turnschuhen, meist eine Beleidigung für die Nase.

TIP WEST

WIE MAN DAS RAUMKLIMA SCHON IM ENTREE MIT DUFTÖLEN VERBESSERT:

Leichte Zitrusöle wie Rosenholz, Zitrone, Bergamotte oder Melisse bringen Frische und Klarheit in den Raum. Außerdem wirken sie antiseptisch. Muskatellersalbeiöl macht fröhlich, mitunter sogar euphorisch. Es hebt die Stimmung des Eintretenden schon im Vorraum.

Schuhe im Vorraum soll man verstecken, gleichzeitig aber luftig verwahren. So entwickelt sich kein unangenehmer Begrüßungsgeruch. Holz bindet Gerüche, darum sollte der Schuhschrank aus Holz (nicht aus Kunststoff oder Metall) und mit einer Gitter- oder Lamellenfront aus Holz verschließbar sein.

Baut man ein Haus, so empfiehlt es sich, zwei Eingänge zu planen: einen Haupteingang und einen Nebeneingang, wo man die Schuhe in einer eigenen kleinen Schuhkammer aufbewahrt und wo man auch andere, nasse oder schmutzige Kleidungsstücke vorübergehend lagert.

TIP WEST

Bestes Reinigungsmittel für glatte Flächen ist immer noch Essig, gewöhnlicher Apfelessig, aber auch Kräuteressig, dem man desinfizierende Wirkung zuspricht.

Die Küche

Will man Küchengeruch meiden, so braucht man, neben einer technischen Entlüftungsmöglichkeit, absorbierende und bindende Materialien, vor allem Holz, Ziegel und Kalk, und zwar bei jenen Bauteilen, die man auch aus Kunststoff oder Beton bauen könnte. Diese absorbierenden Materialien benötigt man deshalb, weil man bei Arbeitsflächen und im Spritzbereich ohnehin Kunststoffe, Metalle oder glasierte Kacheln verwendet, die bekanntlich Gerüche an sich abprallen lassen.

Rostfreier Stahl ist vor allem für Arbeitsküchen wie Kantinen- und Restaurantküchen geeignet, in denen riesige Abluftrohre den Küchengeruch lärmend absaugen. Wer seiner Privatküche diesen Nirosta-Profi-Touch geben will, sollte daher alles, was nicht technisch ist (Schränke usw.), in Holz gestalten und die Bauteile aus rohen Ziegeln bauen sowie die Wände mit Kalk verputzen.

ERFRISCHENDER DESINFIZIERENDER KRÄUTERESSIG

Man braucht dazu je eine Handvoll Lavendel, Rosmarin, Salbei, Wermut, Gartenraute, Minze und 4 1/2 Liter kräftigen weißen Essig, dazu pro Flasche eine Knoblauchzehe. Man gibt die Kräuter in einen Tontopf und begießt sie mit dem Essig. Der Topf wird mit einem nicht ganz dicht schließenden Brett zugedeckt und in die Sonne gestellt. Nach 2 Wochen filtert man den Essig und füllt ihn in Flaschen ab, dem Inhalt jeder Flasche wird noch eine Knoblauchzehe zugefügt. Wenn der Essig klar geworden ist, gießt man ihn in andere Flaschen um, verschließt sie und hat nun zum Gebrauch fertigen Kräuteressig, der sowohl im Haus versprüht werden als auch in der Sommerhitze zur Erfrischung auf Puls und Schläfen aufgetragen werden kann.

TIP WEST

ABFALL IN DER KÜCHE

Wenn Abfalleimer hinter (schwenkbaren) Schranktüren verborgen sind, dann strömt bei jedem Öffnen der Tür Abfallgeruch in den Raum. Eine mit einem Deckel oder Stöpsel verschließbare Öffnung in der Arbeitsplatte, unter der der Abfalleimer steht, macht das Öffnen der Tür nur einmal am Tag notwendig, nämlich dann, wenn man den Abfall nach draußen trägt.

Gebunden werden Küchengerüche auch von Polsterungen und Stoffen; diese sollten natürlich leicht waschbar (abziehbar) sein.

Duftende Früchte

In eine schöne Zitrone oder Orange werden mit einem Holzspießchen in regelmäßigen Abständen von etwa einem halben Zentimeter kleine Löcher gestochen, in die man Gewürznelken steckt, solange, bis die Frucht rundum mit Nelken bedeckt ist. Für eine Orange braucht man etwa 25 bis 30 Nelken. Dann legt man sie auf Packpapier und läßt sie so lange an einem kühlen dunklen Ort, bis sie hart und dunkel geworden ist. Diese Duftkugel hängt man einem hübschen Band auf; sie verströmt ihren Geruch immer dann, wenn die Luft feuchter wird, wenn also z. B. ein Gewitter im Anzug ist.

TIP OST

Vermeiden Sie Dunstabzugshauben und öffnen Sie lieber beim Kochen die Küchenfenster.

Der Rauchsalon oder das sogenannte Herrenzimmer

Die einzige Möglichkeit, das Zigarettenrauchen geruchsverträglich zu machen, ist es, die Wohnung mit möglichst vielen Gerüche absorbierenden Materialien (naturbelassenem Holz und Ziegeln) sowie waschbaren Naturtextilien (Baumwolle oder Leinen) auszustatten.

Der Rauchsalon oder das sogenannte Herrenzimmer von einst war mit Holz getäfelt – nicht nur der Ästhetik und der Behaglichkeit wegen, sondern auch wegen des Geruchs. Diese Täfelungen wurden mit der Zeit durch die Absorption von Rauch sehr dunkel. Die Polsterungen der Sitzmöbel im Raucherzimmer waren mit weichem Leder überzogen, das mit dem Rauch eine erträgliche Geruchsverbindung eingeht.

Aus dem Schlafzimmer wird ein Boudoir

Möchte man einmal besondere Stimmung im Schlafzimmer erzeugen, so braucht man nicht gleich Möbel in rotem Plüsch zu kaufen. Kerzenlicht und großzügig verteilte rote Rosen tun's auch, vor allem dann, wenn sie auch wirklich nach Rosen duften! Nachhelfen kann man mit echtem Rosenöl. Madame Pompadour, Kleopatra und Napoleons

TIP WEST

Leder als Möbelbezug hat viele Vorteile – es ist nahezu unverwüstlich, fühlt sich hautnah an, riecht gut und bindet Gerüche. Überzieht man eine Matratze mit Leder, so kann dieses Bett ohne weiteres in einem Wohnzimmer stehen, als Sitz-, Liege-, Liebe- und Schlafmöbel dienen, ohne wie ein Schlafzimmermöbel auszusehen. Der Geruch von Leder ist erotisch und männlich. Gibt man auf gutes Leder ein paar Tropfen echte, weibliche Vanille, so verbinden sich die Gerüche zu einer unwiderstehlichen Duftkombination.

Joséphine machten in ihrem Schlafgemach davon reichlich Gebrauch. Erotisierend wirkt auch Jasminöl. Patschuli, Sandelholz und Ylang-Ylang sind erotisierende Pflanzendüfte, die in ihrer Wirkung nur noch von tierischem Ambra, Zibet und Moschus übertroffen werden; diese verwendet man aber heutzutage nicht mehr.

ANTISEPTISCHER RAUMSPRAY

Man gibt 6 Tropfen Bergamott- oder Lavendelöl auf ca. 1/2 l Wasser und füllt dies in eine Sprühflasche. Man kann es auch in eine Schüssel geben und diese zum langsamen Verdunsten auf den Heizkörper stellen.

Kinderzimmer desinfizieren

Früher, als man noch keine Ahnung von Bakterien und Viren hatte, ahnte man immerhin schon, daß es so etwas wie eine Ansteckung gibt, die in der Luft liegt. Die einzigen Mittel gegen diese Ansteckungsgefahr waren Gerüche, wie der Duft von Rosmarin, Lorbeer, Wacholder, Engelwurz, Lavendel und Eberraute. Meist gab man die Kräuter auf glühende Kohlen, und erzeugte dadurch reinigenden Rauch.

Wenn Kinder an einer wirklich ansteckenden Infektionskrankheit erkranken und daheim gepflegt werden, sollte man das Zimmer mit handelsüblichen Marken-Desinfektionsmitteln desinfizieren. Will man aber nur nach einer Grippe oder Unpäßlichkeit gründlich saubermachen, dann genügen zur Desinfektion Pflanzenöle, etwa ein antiseptischer Raumspray aus Bergamott- oder Lavendelöl.

TIP OST

Verwenden Sie wenig Muster an den Wänden und keine auf der Bettwäsche. Dafür sollte im Kinderzimmer ein Strauß bunter, frisch duftender Blumen stehen. Auch Grünpflanzen, die von größeren Kindern selbst umsorgt werden, gehören ins Kinderzimmer.

Duftender Rauch gegen negative Kräfte

Jahrhundertelang war das Räuchern mit Gewürzen üblich, um Räume von „dicker Luft“ zu befreien. Räuchern war aber auch eine Art Botschaft an den Himmel, religiöse und kultische Zeremonien wurden von Rauch begleitet. Deshalb meinen viele Menschen auch heute, daß Räuchern mehr als nur das Verbreiten von duftendem Rauch ist. Räuchern soll Schwingungen erzeugen, die das Raumklima verbessern können.

Im Orient und in Asien glaubt man, daß Dinge, etwa alte Schmuckstücke, Antiquitäten, aber auch Häuser negativ belastet sein können, wenn die früheren Besitzer unglücklich oder krank waren.

TIP OST

ATMOSPHÄRISCHE REINIGUNG DURCH RÄUCHERN

Zum Reinigen der Atmosphäre sind besonders geeignet: Weihrauch, Sandarak, Salbei, Wacholder, Wüstenbeifuß, Tanne. Man räuchert erst, nachdem man den Raum gereinigt hat. Die atmosphärische Reinigung wird besonders dann empfohlen, wenn man Räume neu bezieht, wenn sich ein Unglück in einem Raum zugetragen hat oder jemand gestorben ist. Man schließt die Fenster, geht mit der Räucherschale von Raum zu Raum, fächelt den aufsteigenden Rauch in alle Richtungen. Danach verläßt man den Raum und schließt die Tür. Nach drei Stunden wird gut gelüftet. Während des Räucherns darf man nicht schwach, krank, schwanger sein oder die Periode haben. Man soll sich stark und gesund fühlen und dankbar sein.

Durch Räuchern neutralisiert man diese negative Kraft. Das soll auch in Räumen wirken, in denen viel gestritten wird.

Reinigen macht Platz für frische Energie

Nach Krankheit und Tod muß ein Haus sorgfältig gereinigt werden, um gefährliche Schwingungen zu beseitigen. Reinigen Sie ein Haus, wenn Sie fortziehen, denn die Emotionen sind noch im Haus, und wenn Sie es nicht gereinigt hinterlassen, werden Sie das Gefühl nicht los, ein Stück von sich selbst zurückgelassen zu haben. Ein neues Haus reinigen Sie, bevor Sie es beziehen. Besonders sorgfältig zu reinigen sind Häuser, an deren Stelle früher ein Schlachthaus, ein Gefängnis, ein Friedhof waren. Auch Häuser, die aufgrund eines Bankrotts zum Verkauf stehen, müssen besonders gut gereinigt werden.

Reinigen bedeutet: bei geöffnetem Fenster entstauben, waschen und danach räuchern. Wichtig ist, daß der Schmutz nicht auf Sie übergeht; also müssen Sie sich während des Reinigens eine Schutzhülle visualisieren und am Schluß der Zeremonie zuerst duschen, danach baden und dem Badewasser eine Handvoll Salz beimengen.

TIP WEST

SO REINIGT MAN DIE LUFT MIT NATÜRLICHEN MITTELN

◆ Verbrennt man Zucker auf einer heißen Ofenplatte, so reinigt das die Luft.

◆ Auch Kaffeesatz, auf eine heiße Platte gestreut, reinigt die Luft.

◆ Ein erfrischendes Räucherwerk besteht aus 3 EL Rosmarin, $\frac{1}{2}$ EL zerstoßener Walnuß und ebensoviel Zucker. Man streut es über die glühenden Kohlen, am besten in einer Räucherpfanne.

Der Geschmack

Wohnräume mit zuviel Anteil an harten und glatten Oberflächen wirken abweisend und ungemütlich.

Hervorragend schmeckt hingegen das Wohngericht mit Biß: weich mit einem kleineren Anteil an Hartem, warm mit einem kleineren Anteil an Kaltem, rund mit einem kleineren Anteil an Eckigem.

Alles in Ihrer Wohnung, Wände, Böden, Möbel, hat einen bestimmten Geschmack. Haben Sie Ihre Wohnung schon einmal gekostet? Vor langer Zeit, damals, als Sie klein waren. Babys und Krabbelkinder erschmecken ihre ganze Umgebung – das Stuhlbein, Vaters Bein, Mutters Busen, den Schnuller, die Tischplatte usw. Erinnern Sie sich an den Geschmack des chinesischen Lackkästchens, der Wolldecke, der Kissenzipfel, der beschlagenen Fensterscheibe? Auch das Tischtuch aus Wachsleinwand hatte einen besonderen Geschmack – einen heimlichen Geschmack. Denn kaum hatten Sie als Kleinkind einen Zipfel davon im Mund, haben die Eltern schon geschimpft: „Pfui, laß das!"

So haben wir es uns abgewöhnt, an unserer Wohnung zu nuckeln.

Die Zunge ist einerseits Geschmacksorgan, das Stoffe, Holz, Ziegel, Stein, Glas schmeckt, andererseits ist sie ein Tastorgan, das die Konsistenz der Oberflächen wahrnimmt, z. B. ob sie glatt, rauh oder gerillt sind. Außerdem erfährt der Mund noch andere Eigenschaften von Materialien, Oberflächen und Formen, die sich direkt im Unterbewußtsein festsetzen und Sympathien oder Antipathien entstehen lassen. So gibt Hartes das Gefühl, daß man sich daran die Zähne ausbeißen könnte, Kühles das Gefühl, daß man es vorsichtig und langsam auf der Zunge zergehen lassen sollte. Spitzes und Scharfkantiges hingegen verbreitet die Botschaft, daß man es besser nicht in den Mund nimmt, man könnte sich ja daran verletzen.

Eine Wohnung, in der harte, kantige, kalte, spitze Gegenstände dominieren, wirkt auch über die Erfahrung durch den Geschmackssinn ungemütlich. Eine Wohnung hingegen, die weich und rund und ohne harten Kern ist, schmeckt und pappt wie Brei.

Über den guten und den schlechten Geschmack

Gibt es den „guten" und den „schlechten" Geschmack? Ja! Vergleicht man eine Wohnung mit einem mehrgängigen Menü, dann besteht ein gelungenes Wohn-Gericht aus einer Speisefolge, bei der jeder Gang für sich allein gut schmeckt und alle Gänge zueinander passen, unabhängig davon, ob die Speisenfolge italienisch oder englisch ist, elegant oder rustikal, deutsch oder chinesisch oder in den Stilen gemischt. Wenn jeder Wohnbereich seinen Charakter hat, wenn die ganze Wohnung abwechslungsreich ist und doch „aus einem Guß", dann ist das Wohngericht gelungen. Wenn die Vorspeise (das Vorzimmer) so schmeckt wie das Dessert (der Schlafraum), dann hat man wahrscheinlich etwas falsch gemacht.

Wie eine Wohnung schmeckt, ist auch eine Frage der Würze. Ist sie zuviel gewürzt oder zuwenig, ist sie aufdringlich oder fade, steht zuviel Tand herum, gibt es zu viele Schnörkel, oder fehlt die Liebe zum Detail?

In einer guten Wohnung sind alle Ingredienzen richtig verteilt; was „vorschmeckt", macht den Charakter der Wohnung aus.

Tischmanieren hatten und haben meist praktische Gründe

Bier schmeckt im Steinkrug anders als im Glas, Wein im Römer anders als im Zinnbecher. Die „Brettljause" gehört aufs Holzbrett und nicht auf den Porzellanteller. Die Resultate der Nouvelle cuisine, auf dem Papiertel-

Der gedeckte Tisch: Schmuck und Ornament auf Zeit

TIP WEST
Wenn Sie Tafelporzellan kaufen, dann denken Sie immer daran, was Sie darauf servieren wollen. Stellen Sie sich Ihre Lieblingsspeisen vor: das Gulasch, den Gemüsestrudel, den bunten Salat. Auf gemusterten oder aufdringlich bunten Tellern werden alle diese Speisen nicht schön aussehen, auf weißen Tellern schon. Bei Kaffeegeschirr ist es anders: Ein kleiner (einfarbig schwarzbrauner) Mokka verträgt buntes, lustiges Porzellan.

ler serviert, lohnen den ganzen Aufwand nicht, und der raffiniert gemixte Cocktail im Pappbecher ist verlorene Liebesmüh.

Es gibt Speisen, die in Kombination mit bestimmten Materialien giftig werden. Bei den Materialien, die man heutzutage verwendet, besteht diese Gefahr nicht mehr, wohl aber bei antikem Eßbesteck und Geschirr.

- Eisen und Säuren, z. B. Eisen und Essig, vertragen sich nicht. Früher waren die Messerschneiden aus Eisen, darum schrieb die Etikette vor, daß man den Salat nicht mit dem Messer zerteilen darf. Salatbestecke waren aus Elfenbein oder aus Holz. Heute sind die Messer und Bestecke aus rostfreiem Stahl, aber ein Mensch, der auf sich hält, fährt trotzdem nicht mit dem Messer in den Salat.
- Silber und Eier vertragen sich nicht miteinander, denn es wird Schwefel frei, und das schmeckt man. Darum gab es immer eigene Eierlöffel (aus Porzellan oder Elfenbein, heute meist aus Kunststoff).
- Silber und Kupfer korrodieren, wenn Salz daran kommt.
- Zinngeschirr ist meist nicht hitzebeständig, außerdem ist (allerdings nicht immer) Blei dabei (bleifreies Zinn wäre unbedenklich zu verwenden).
- Wein darf nicht im Kupferbecher getrunken werden (das Schwefeldioxid im Wein führt zur Bildung von giftigem Grünspan).
- Kartoffeln sollen nicht mit dem Eisenmesser geschnitten werden.
- Im Geschirrspüler lösen sich alte Glasuren auf, Goldrand hält nicht. Viele alte Glasuren sind Cadmiumglasuren – Zitronensäure oder ein scharfes Spülmittel lösen sie auf, das giftige Cadmium wird frei. Messing bildet nach einer Geschirrspülmaschinen-Wäsche rasch Grünspan usw. Bei aller Liebe zu altem Porzellan ist es vernünftiger, aus neuem Geschirr zu essen, das man im Geschirrspüler waschen kann.

Küchen, in denen es schmeckt

Der eine wünscht sich eine gemütliche Wohnküche mit Sitzecke, der andere eine funktionelle, kleine Küche mit Frühstückstheke. Ob Sie eine große Familie haben, Single sind, auf Mitarbeiter in der Küche rechnen dürfen oder nicht, ob Sie gern allein vor sich hinkochen oder während des Kochens lieber mit der Familie plaudern, all diese Kriterien werden den Charakter Ihrer Küche bestimmen. Entscheiden Sie nach Ihren individuellen Bedürfnissen!

Der Arbeitsbereich

Gut schmeckt es nur, wenn das Kochen Freude, d. h. auch keine körperlichen Beschwerden macht. Wichtig in der Küche ist die Höhe der Arbeitsflächen! Sie sind der Körpergröße der Hausfrau – oder dem

Roggen
Dinkel
Weizen

größten der ständigen Küchenmitarbeiter – anzupassen. Kleinere Helfer sollen sich ein wenig recken und strecken, dann verbinden sie Küchenarbeit mit Gymnastik. Auch zum Öffnen der Türen des Kühlschranks oder des Backrohrs sollte man sich nicht bücken müssen. Im unteren Bereich der Küche bringt man den Stauraum für Dinge unter, die man nicht täglich braucht.

Nützliche und überflüssige Küchenmaschinen

Nicht alle Küchenmaschinen bringen eine Arbeitserleichterung. Zu den unnützen Dingen gehören viele Kleingeräte, die entweder ständig im Weg stehen oder im Schrank auf Nimmerwiedersehen verschwinden. Bei jedem Elektrogerät, das aus dem Schrank genommen, zusammengeschraubt, gereinigt, auseinandergeschraubt, wieder in den Schrank gestellt werden muß, ist die Wartung aufwendig im Vergleich zum Nutzen.

TIP WEST
Fertige Küchenzeilen in verschiedenen Höhen sind im guten Fachhandel überall erhältlich. Die Arbeitsplatten fertiger Küchenzeilen sind aber meist zuwenig tief, die Standardtiefe ist 60 cm. Besser ist eine Platte, die 80 cm tief ist; die Küchengeräte, die man täglich braucht, wie z. B. die Kaffeemaschine, die Orangenpresse, der Mixer, stehen dadurch griffbereit an der Wand, ohne im Weg zu stehen, und man braucht sie nicht täglich wegzuräumen.

Der Geschirrspüler hingegen gehört zu den nützlichen Geräten. Er ist Abwaschhelfer und Stauraum zugleich. Er ermöglicht die Reduzierung der Geschirrmenge, und weniger Geschirr bedeutet weniger vollgeräumte Schränke und mehr Übersicht.

Die saubere Küche

In einer strahlend weißen Küche sieht man jeden Schmutz, auch z. B. Brotkrumen. Brotkrumen in einer Küche sind aber etwas Natürliches und würden niemanden stören, wären sie nicht sichtbar. Die strahlend weiße Küche ist eine Erfindung der Putzmittelindustrie. Eine weiße Küche zwingt zum Saubermachen, in einer Küche aus Holz macht man sauber, wenn man das Gefühl hat, daß sie es nötig hat.

Hat eine Küche vorprogrammierte Schmutzfugen, also geklebte Platten, geleimte Kanten, aneinanderstoßende Arbeitsflächen aus verschiedenen Materialien, Fugen zwischen Platten und Wand usw., dann muß be-

TIP OST
Kochstelle und Arbeitsplatte sollten in der Mitte der Küche stehen, sie sind das Herzstück des Hauses. Befindet sich der Herd an der Wand, dann sollte er nicht an der Nordwand stehen, das bringt Konflikte, und nicht an der Südwand, das bringt Feuer. Kühlschrank oder Becken sollten sich nicht unmittelbar neben dem Herd befinden, die Vermischung von Feuer und Wasser bringt Unglück.

TIP OST
Küchen sollen nie vollgeräumt sein, Abflußrohre nicht verstopft, der Ausguß im Waschbecken immer sauber und der Deckel des Abfalleimers verschlossen. Achten Sie darauf, daß die Kanten abgerundet sind statt spitz, und ziehen Sie geschlossene Schränke offenen Regalen vor.

sonders häufig geputzt werden. Ziegel- oder Holzböden sind wesentlich dankbarer als solche aus glasiertem Material. Durch richtige Materialwahl (Holz) für die Schränke, durch fugenlose Arbeitsplatten (Holz, Marmor, Ceoran) und durch griffbereite Küchengeräte kann man sich viel Putzarbeit ersparen.

TIP WEST

Die beste Fliesenfarbe ist kühles Hellblau, besonders über der Arbeitsplatte. Blau tritt optisch zurück und erleichtert das Hantieren mit Küchengeräten und Lebensmitteln.

Dekoration und Farben

Die Küche, in der gekocht und gegessen wird, braucht kein Dekor, sie liefert das Dekor selbst, weil man beim Kochen mit Farben und Formen hantiert: mit weißen Eiern, mit grünem Broccoli, mit rotem Fleisch, mit gelbem Mais.

TIP WEST

Auch der Mobelhändler dekoriert seine Küchen. Wenn Sie sich fertige Küchen im Möbelhaus anschauen, denken Sie sich all die schönen, alten Kaffeemühlen und das dekorative Porzellan weg und an die Stelle dieser Blickfänge die Essig- und Ketchupflaschen, die Teebeutel und Öldosen, also die Dinge, die Sie in der Küche täglich brauchen werden. Gefällt Ihnen die Küche immer noch?

Jede bunt angestrichene, mit gemusterten Tapeten zugeklebte und mit Vorhängen verhängte Küche konkurriert mit den Farben von Obst, Gemüse, frischen Kräutern und Lebensmitteln. Der schönste Schmuck in der Küche sind frisches Gemüse und Obst, sind hübsche Marmelade- und Kompottgläser, Töpfe mit Küchenkräutern auf dem Fensterbrett.

Gemüse ist schön! Legen Sie doch eine Reihe roter Äpfel aufs Regal. Geben Sie Bananen und Ananas in eine Schüssel. Arrangieren Sie Möhren und Kohl im Glas. Betrachten Sie einmal ein Ei genauer! Es ist ein perfektes Kunstwerk der Natur. In einer Küche, die in Holz, weißen Wänden und hellen Fliesen gehalten ist, kommen appetitlich arrangierte Nahrungsmittel am besten zur Geltung. Appetitlich wirken auch glänzende Akzente, wie eine Messingschüssel oder Kellen aus rostfreiem Stahl.

Fast food und Slow food

Kühle Farben, kühle Materialien und unbequemes Mobiliar kennzeichnen die meisten Fast-food-Restaurants, in denen die Gäste ihr Essen hinunterschlingen, um so bald wie möglich das Lokal zu verlassen. Daheim sollte man sich eher nach der Philosophie des „Slow food“ orientieren. Man richtet den Eßbereich also nicht kühl und unbequem ein, sondern warm, gemütlich und doch frisch. Frische erhält man durch Porzellan, Gläser, Blumen- oder Obstarrangements auf dem Tisch. Die Sitzflächen der Stühle, der Boden und die Wän-

TIP OST

Generell günstige Farben für die Küche sind Weiß und Gelb mit kleineren Anteilen von Schwarz und Dunkelblau.

TIP WEST

In einer appetitanregenden und wohnlichen Küche sollte die Zitrone und nicht die Zitronenpresse gelb sein! Die notwendigen, häßlichen Plastikgegenstände und Elektrogeräte sollten entweder weiß oder schwarz sein, je nachdem, ob die Umgebung hell oder dunkel ist. Sie sollten immer an ihrem Platz stehen, dann wird man sie sofort finden, auch wenn sie beinahe unsichtbar sind.

de sollten in warmen Tönen und Materialien gehalten sein.

Glanz in der Küche

Glanz bedeutet Sauberkeit. Was glänzt, dominiert. Es braucht also nicht die ganze Küche im Glanz zu erstrahlen, es genügt, wenn die Töpfe und Pfannen glänzen oder auch eine Kuchenform aus Kupfer. „Häßliches“ sollte aber weder glänzen noch grellbunt sein. Mixer, Spülbürsten und Besenstiele, auch Messergriffe oder Plastikschüsseln sollten weiß oder schwarz sein; die rote Ketchupflasche, die grüne Öldose und die gelbe Mayonnaiseflasche gehören in den Schrank. All jene nützlichen, praktischen, notwendigen Geräte, die so gerne in „lustigen“ Schockfarben oder zumindest in kräftigem Rot angeboten werden, springen dem Betrachter der Küchenzeile nämlich kräftig ins Auge. Die orangefarbene Spülmittelflasche wird dann zum Blickfang, und die wirklich schönen Dinge kommen nicht zur Geltung.

TIP OST

Eine etwa 10 cm hohe, reflektierende Edelstahlblende rund um den Herd verstärkt die Energie der Kochflammen.

Das Gehör

BIRLIK MARKET

Wohlklang im Haus bringt Wohlgefühl

In einem hallenden, oder hellhörigen, aber auch in einem vollkommen schalldichten Haus fühlt man sich nicht wohl. Glücklich und zufrieden lebt man in einem Haus, in dem es wenig lästige Geräusche gibt, keinen störenden Lärm und in dem die Räume verschieden klingen. Diese hauseigene, ganz besondere Mischung aus angenehmen, gewohnten Geräuschen und Musik begleitet unseren Tag.

Dröhnende Schwerlaster, klopfende Straßenmaschinen, heulende Rasenmäher, bellende Hunde und schreiende Kinder vermindern das Wohlbefinden ebenso wie der Lärm von Waschmaschinen, Staubsaugern, Umlaufpumpen, Kühlschrankaggregaten, Mixern, ständig laufenden TV-Geräten, Radios und das surrende, unruhige Licht aus Neonröhren. Plötzlich auftretender, unerwarteter Lärm – z. B. von lärmenden Nachbarn – kann zur Ausschüttung von Streßhormonen führen, Fremdgeräusche, die mit Regelmäßigkeit durch Wände von einer die andere Wohnung dringen, können sich zur Plage entwickeln. Die tägliche Geräuschkulisse wird dann zu einer Art akustischer Umweltverschmutzung.

TIP WEST
SO SPERRT MAN LÄRM AUS
Den Lärm von draußen kann man durch Abdichten der Fenster und durch Innenläden aus Holz (statt durch dicke, staubfangende Vorhänge) nahezu völlig aussperren.

Viele Menschen klagen heute über die Belastung durch Lärm. Sie kommt von außen, ist aber auch hausgemacht. Vermeiden sollte man Lärm, der von kleinen, überflüssigen Haushaltsgeräten erzeugt wird, von elektrischen Messern, Kaffeemühlen oder von technischen Spielereien wie automatischen Gardinenschließern.

Der Schall

Es gibt verschiedene Arten von Schall, die man auf verschiedene Weise aussperren oder ins Haus lassen kann.

Schall, der in der Luft liegt – „Luftschall" wie Verkehrslärm, Donner, Vogelgezwitscher. Er kommt durchs offene Fenster, durch Türen, durch Ritzen (und kann durch entsprechend dichte Türen usw. ausgesperrt werden).

TIP OST
Gegen Lärm von draußen hilft ein nicht zu großes Windspiel (ein zu großes kann die Leber schädigen). Es besteht aus fünf Metallröhren und wird innen über der Haustür aufgehängt. Jedesmal, wenn die Haustür aufgemacht wird, berührt sie leicht den Klöppel und schlägt das Windspiel an, dessen gute Vibrationen die Atmosphäre reinigen. Hölzerne Windspiele hängt man im Garten auf, dort, wo der Gartentisch steht oder im Bereich der Terrasse.

TIP WEST
SCHALL VERMEIDEN

- Man stelle die Hausmaschinen (Waschmaschine, Trockner, Geschirrspüler) an Außenwände und/oder auf dicke Gummimatten.
- Dünne Wände, Decken, Böden plane man doppelschalig.
- Den Lärm von draußen, z. B. von einer befahrenen Straße, hält man am besten mit einer bewachsenen Mauer, einer Hecke ab (die Masse hält den Luftschall ab, der dichte, weiche Bewuchs dämpft den Körperschall).

„Körperschall“ entsteht, wenn z. B. ein Gegenstand auf den Boden fällt oder eine Maschine auf dem Boden vibriert. Man hört dies dann auf der anderen Seite des Bodens oder der Wand. Am lautesten klingt es, wenn ein schwerer Gegenstand auf eine harte Oberfläche fällt – je weicher die Oberfläche, desto weniger Körperschall wird übertragen.

Dann gibt es noch den Schall, der gleitet – Körperschall, der in der Ferne entsteht und dann Böden oder Wände entlangstreicht, wie Installations- oder Liftgeräusche in einem Gebäude aus Beton.

Gewohnte Geräusche vermitteln Sicherheit

Manche Geräusche gehören zur häuslichen Klangkulisse, die man nicht missen möchte: der Klang der Kirchenglocken, das (pünktliche) Vorbeifahren des Zuges, das Klingeln an der Tür zehn Minuten nach Schulschluß, das Knarren der Holztreppe, das Klappern von Geschirr am Sonntagmorgen. Wenn diese gewohnten Geräusche fehlen, dann scheint die Welt nicht mehr in Ordnung zu sein. Zu den alltäglichen Klängen gehören nicht nur die selbstgemachten Geräusche im Haus, auch die fremderzeugten von draußen. Wer sie vollkommen aussperrt, fällt schon nach kurzer Zeit in den Zustand der Isolation.

Klingende Räume

Wenn das Wohnzimmer ausgeräumt wird und der Maler kommt, um es frisch zu streichen, dann klingt der Raum hohl. Kein Teppich dämpft den Schritt, kein Vorhang hält den Straßenlärm zurück, kein Fauteuil schluckt den Schall. Es hallt oder es knarrt, es ist ungemütlich.

Weiche, schallschluckende Textilien, Teppiche und Polstermöbel sind nicht nur eine Wohltat für die Haut, sondern auch für die Ohren. Im Wohnzimmer, Schlafzimmer, Kinderzimmer, auch im Eßzimmer und in der Küche sollte der Schall gedämpft werden. Es gibt aber auch Räume, die hallen können oder sogar sollen. Es sind Räume, die dem Besucher Ehrfurcht abverlangen, manchmal sogar Furcht einflößen: Prunksäle, die ihre akustische Atmosphäre erst entwickeln, wenn sie mit Menschen gefüllt sind, Kirchen und Betsäle, die zur Meditation anregen, Eingangshallen in Banken und Firmen, die hastige Schritte der Kunden in gemessene verwandeln.

Der hallende Raum hat als extremes Gegenüber den akustisch trockenen Raum, das ist ein fensterloser Raum mit gepolsterten Türen, einem Teppich an Decke, Wand und Boden – z. B. im Rundfunkstudio. In ihm wird jedes unerwünschte Nebengeräusch geschluckt.

TIP OST
KLINGENDES ENTREE

Eine alte mechanische Glocke (mit Zug) statt einer elektrischen Türklingel kündigt wohlklingend den Besucher an.

TIP WEST
JEDER RAUM HAT SEINEN KLANG
Man sollte jedem Raum seinen Klang geben! Welcher das ist, bleibt Temperament- und Geschmackssache. Ideal ist ein Abstufen vom leicht hallenden Entree bis zum schallgedämpften Schlafzimmer.

In völlig „klangtrockenen" Räumen fühlt man sich auf die Dauer ebenso unwohl wie in hallenden Räumen; man sollte aber, unter Milderung der Extreme, den einzelnen Räumen ihren Klangcharakter geben. Mit laut und leise, voll und hohl, dumpf und schrill verhält es sich nämlich wie mit anderen Kontrasten, wie mit dunkel und hell, kalt und warm, weich und hart: Die ausgewogene Abwechslung und nicht die mittelmäßige Eintönigkeit macht die Wohnqualität aus.

Das Hauskonzert

Instrumente wie ein an die Wand gelehntes Cello oder ein eleganter Flügel verleihen einem Raum Atmosphäre. Noch schöner ist es, wenn die Instrumente auch gespielt werden, etwa bei einem Hauskonzert. Ein idealer Musik-Wohnraum, der für Hausmusik, aber auch nur für den Genuß von Musik aus der Stereo-Anlage eingerichtet ist, hat einen Holz- oder Ziegelboden mit Teppichen, massive Wände, eine Zimmerdecke aus Holz (als Resonanzkörper), Vorhänge an den Fenstern, Bilder an der Wand und Möbel, die beweglich sind und mühelos von ihrem Platz gerückt werden können. Soll ein solcher Wohnraum abwechselnd als Hausmusikzentrum, als Gesellschafts- oder als Familienraum benützt werden, so kann man seine Akustik mit wenigen Griffen ändern.

- Wenn in ihm gelesen oder Karten gespielt wird, so bleiben die Möbel an ihrem Platz, die Textilien an der Wand, der Raum verträgt für diesen Zweck relativ viele Textilien.
- Wenn Gäste geladen sind, wird leise Hintergrundmusik unterlegt. Textilien und Möbel bleiben an ihrem Platz, damit das Stimmengewirr nicht zu laut wird.
- Wird in dem Raum musiziert, braucht er eine leicht hallende Akustik; das Einrollen der Teppiche, das Aufziehen der Vorhänge und das Entfernen der Sitzkissen gibt ihm schon dieses bißchen mehr an Resonanz.

TIP WEST
SCHALLABSORBIERENDE KUNSTWERKE
Großzügige Wohnküchen mit einem Eßbereich auch für Gäste hallen oft wegen der Fliesen und anderen schallabweisenden Materialien. Schallschluckend können z. B. Gobelins, Teppiche oder Stoffbilder an der Wand sein. Will man ein Textilbild zum Schallschlucker machen, so gibt man es in einen dicken Rahmen und füttert es an der der Wand zugewandten Rückseite mit Schaumstoff, besser noch mit Zellwolle.

Der Klang der Wohnmaterialien

Holzwände sind hellhörig. Aber Holz hat auch Melodie, es knackt und knarrt, reagiert auf Luftfeuchtigkeit. Holz als Resonanzkörper im ausgebauten Dachboden kann einen Regentag zum Klangerlebnis machen. Und wenn man erkennen will, ob Holz massiv ist oder nicht, macht man die Klopfprobe. Spanplatten klingen anders als Vollholz.

Feinporige Naturmaterialien wie Holz, Ziegel und Ton absorbieren den Schall besser als glatte, künstliche Materialien.

Der sechste Sinn

Das Alarmsystem des Körpers

Wohnen bedeutet Sicherheit und Entspannung finden, frei sein von Angst, nicht ständig auf der Hut sein, sich nicht ständig zur Vorsicht mahnen müssen, sich fallen lassen dürfen, sich gehen lassen können, sich hingeben, lieben – und lieben lassen. Wo eine Wohnung diese Ansprüche nicht erfüllt, ist das Warn- und Alarmsystem des Körpers ständig in Bereitschaft, also angespannt, und das Wohnen verfehlt seinen eigentlichen Zweck.

Sind Sie sicher in Ihrer Wohnung?

Ob Sie sich in Ihrer Wohnung wirklich sicher fühlen, können Sie leicht feststellen. Wenn Sie folgende Fragen ehrlich beantworten, finden Sie die Schwachstellen Ihrer Wohnung heraus:

- *Sind Sie sicher, daß das Haus Ihnen gehört, oder gehört es bald ganz der Bank (Kreditrückzahlung, Hypothek)?*
- *Möchten Sie in Ihrer Wohnung alt werden?*
- *Können Sie sich vorstellen, hier länger krank zu sein?*
- *Haben Sie einen Raum als Rückzugsgebiet für sich alleine?*
- *Sind Sie sicher vor Einbrechern?*
- *Sind Sie gegen Mieterhöhungen abgesichert?*
- *Kann es Ihnen egal sein, was nachts vor Ihren Fenstern passiert, oder fühlen Sie sich durch zu große (Panorama-) Fenster beobachtet?*
- *Benützen Sie den Tisch in der Mitte des Raumes? Haben die Sitzplätze genügend Rückendeckung?*
- *Kann man auf dem Boden ausrutschen?*
- *Gibt es Freitreppen ohne Geländer?*
- *Gibt es Stufen, über die man stolpern kann?*
- *Gibt es harte, spitze, scharfkantige Gegenstände, an denen man sich verletzen könnte?*
- *Stehen zerbrechliche, kostbare Dinge wie Heiligtümer herum?*
- *Entsprechen die Raumproportionen dem menschlichen Maß?*
- *Stimmt die Statik?*
- *Ist das physikalische Wohnklima angenehm?*
- *Umgeben elektromagnetische Felder die Ruhe- und Schlafplätze?*
- *Durchziehen Störzonen den Grund, auf dem das Haus steht?*
- *Zieht es im Haus? Sind Türen oder Fenster undicht oder schlecht positioniert?*
- *Ersticken Sie fast, weil Türen und Fenster zu dicht sind?*

TIP OST

Räume in einem Stockwerk sollten immer auf einer Ebene liegen. Zwischengeschosse, Podeste, Galerien sind ungünstig für das Ch'i. Wenn es sich aber nicht vermeiden läßt, daß man verschieden hohe Wohnbereiche hat, so sollte der Eßbereich immer höher liegen als das Wohnzimmer.

Der sechste Sinn läßt sich nicht täuschen

Der sechste Sinn registriert die Gefahr, aber auch die Täuschung. Menschen, die sich hinter Fassaden verstecken, scheinheilig sind und lügen, sind anstrengend. Sie kosten ein offenes, ehrliches Gegenüber

TIP WEST
Bleiben Sie ehrlich! Wer täuscht, täuscht nicht nur die anderen. Mit der Zeit täuscht er auch sich selber und fühlt sich in der eigenen Wohnung bald nicht mehr wohl.

viel Kraft, und außerdem stehlen sie ihm die Zeit. Ob man es mit einem ehrlichen oder verschlagenen Menschen zu tun hat, merkt man meist auf den ersten Blick. Es ist unser sechster Sinn, der sofort registriert, wenn etwas nicht stimmt. Das ist auch beim Wohnen so. Schon wenn wir eine Wohnung betreten, ahnen wir, daß hier alles mögliche vorgetäuscht wird. Wenn also jemand Marmor- oder Holzimitationen herzeigt, im Bemühen, mit diesen edlen Materialien Eindruck zu schinden, dann wohnt er sehr schlecht. Es ist wie mit echtem Schmuck, mit Talmi und mit Modeschmuck: Wer sich den echten nicht leisten kann, sollte sich mit attraktivem Modeschmuck aufputzen und nicht mit Talmi, der Imitation des Echten.

Ehrlich währt am längsten

Fälschen, Täuschen, Imitieren

Vortäuschen wäre an sich nicht schlecht, wenn es mit einem Augenzwinkern, mit Humor, mit der Absicht, entdeckt zu werden, geschieht. Früher waren Imitationen und Fälschungen sogar eigene Handwerkskünste. Man verwendete Goldfarbe statt Gold, malte Holzmaserungen auf Tapeten, Marmorstrukturen auf Holz und erzeugte kunstvolle Furniere. Heute ist Imitieren und Fälschen aber keine Kunst mehr, Maschinen erledigen das in Millionenauflage. So wurde aus Handwerkskunst billiger Tand.

Täuschung bringt Enttäuschung

Damit Sie von der Täuschung nicht enttäuscht werden, sollten Sie Möbel mit allen Ihren Sinnen prüfen, bevor Sie sie kaufen. Wer die weißen Lamellen-Gartenmöbel im Versandhaus bestellt, weil im Katalog ein Mann darauf sitzt, der aussieht wie ein Lord, ist selber schuld, wenn er nach der Lieferung merkt, daß die Lamellen aufgemalt und die massiv aussehenden Möbel zum Umfallen federleicht sind.

Lassen Sie sich beim Möbelkauf nicht vom Augenschein trügen. Kunststoff

TIP WEST

Obstkerne oder Samen exotischer Früchte, naturfarben oder bemalt, können wie Perlen aufgefädelt werden. Perlenschnüre, aus naturbunten Samen gemacht, können als Vorhänge reizvolle Raumteiler bilden. Der Reiz solcher Schnüre besteht in der Verschiedenartigkeit der Samen, die mit Liebe zusammengefügt werden. Werden solche Perlenschnüre aber aus gleichförmigen Holzkugeln gemacht, dann steckt in ihnen bereits die Maschine, auch wenn sie von Hand aufgefädelt wurden. Der Charme des Natürlichen und der Handwerkskunst ist aus ihnen verschwunden.

kann alle natürlichen Materialien vortäuschen, seine Temperatur aber ist meist ein Mittelwert. Holzimitate sind kühler als Holz, Steinimitate wärmer als Stein. Fassen Sie die Möbel an, bevor Sie sie kaufen, schnuppern Sie an ihnen, rütteln sie daran. Das wird Sie vor mancher Enttäuschung bewahren.

TIP WEST

SO ERKENNEN SIE GUTE UND SCHLECHTE KOPIEN

Bei falschen Antiquitäten ist meist außer den Maßen noch vieles falsch – die Politur ist imitiert (Kunststoffbeschichtung statt Lack), die Holzart ist eine andere als im Original, statt Einlegearbeiten (Intarsien) gibt es Aufklebemuster, Holzverbindungen (sie sind eigentlich überflüssig, da die Möbel ohnehin geleimt sind) sitzen an der falschen Stelle, Stoffbezug und Stoffart entsprechen nicht dem Original.

Ehrliches Handwerk

Ehrliches Handwerk ist nie ganz perfekt, das macht es so liebenswert.

Vergleichen Sie selbst. Zeichnen Sie den Grundriß Ihres Wohnzimmers mit Zirkel, Winkelmesser und Lineal, und dann zeichnen Sie den Grundriß in denselben Maßen mit der Hand. Von Hand gezogene Linien sind nie hundertprozentig gerade. Das macht den Charme des Handwerks aus.

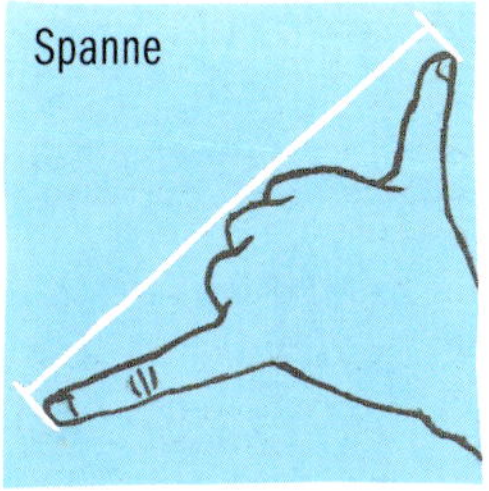

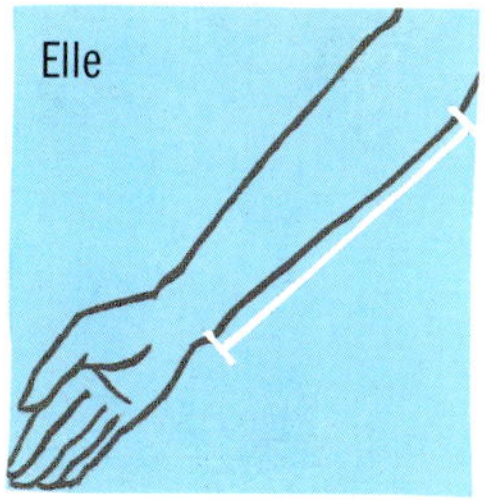

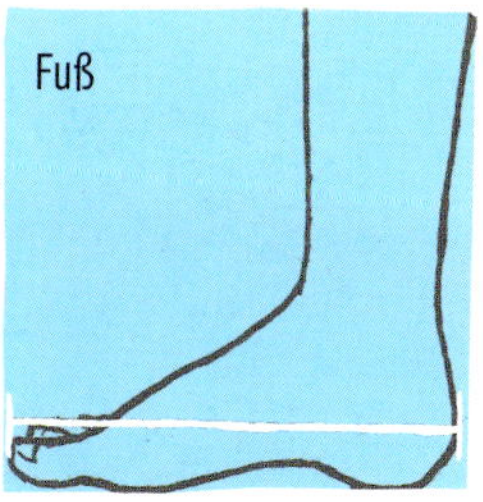

Auch der Charme alter Häuser liegt im Handwerk – man baute nach den alten, menschlichen Maßen, mit der ***Elle,*** der ***Spanne,*** dem ***Fuß,*** und maß diese Einheiten oft mit den natürlichen Meßgeräten aus, was zur Folge hatte, daß kein Haus dem anderen ganz gleich erscheinen konnte.

Das physikalische Wohnklima

Trockene Luft, Kunststoffböden, Metallgriffe lassen Funken sprühen. In solchen Räumen fühlen sich auch die Menschen ständig aufgeladen. Besonders im Winter, wenn die Raumluft sehr trocken ist, liegt diese Spannung im Raum. Ideal ist eine Luftfeuchtigkeit von 40 bis 60 Prozent. In Räumen aus Ziegeln, Kalkmörtel und (unbehandeltem) Holz wird diese Luftfeuchtigkeit mit Hilfe von Grünpflanzen erreicht. Wo diese Materialien und Pflanzen fehlen, sollte ein Luftbefeuchter oder ein Zimmerbrunnen für besseres Raumklima sorgen. Er wirkt am besten, wenn Gips, Ziegel, Kalk und Holz im Raum sind. Diese Materialien sind hygroskopisch, sie nehmen die Feuchtigkeit auf und geben sie – nach Bedarf – wieder ab. Den Bedarf regulieren sie selbst

TIP WEST
WÜNSCHELRUTENGÄNGER
Wenn Sie der Meinung sind, über einer Störzone zu schlafen, dann holen Sie einen sensiblen Wünschelrutengänger. Zeigen Sie ihm aber weder den Grundriß des Hauses noch lassen Sie ihn ahnen, wo Sie schlafen. Führen Sie ihn nur in den Keller oder ins Parterre, wenn es keinen Keller gibt. Hier kann er seine Messungen durchführen, und hier soll er die Diagnose stellen.

Wasseradern und Störzonen

Möglicherweise steht Ihr Haus über einer natürlichen Störzone, einer Kreuzung von Wasseradern oder geologischen Verwerfungen. Von solchen Störzonen kann das ganze Haus oder nur ein Raum betroffen sein. Wenn Sie sehr sensibel sind, kann das Ihr Wohlbefinden beeinträchtigen. Empfindsame Wunschelrutengänger können solche Störzonen aufspüren.

Wenn ein Haus aus Stahlbeton gebaut ist, lebt man in einem sogenannten Faradayschen Käfig. Hier fehlen die elektrischen Spannungsfelder, die das Drinnen mit dem Draußen verbinden. Man lebt wie in einem Auto oder einem Wohnwagen, und das ist auf Dauer ungesund.

Wenn die Sitzgruppe im Wohnraum über einer unruhigen Zone liegt, kann dies sogar gut sein, weil dadurch Gespräche lebendig werden. Im Bett hingegen sind heftige Diskussionen unerwünscht.

TIP OST
Zeigen sich in der Wohnqualität Mängel, z. B. im Schlafzimmer, so liegt es wahrscheinlich im falschen Teil des Hauses, im Norden. Es sollte nämlich im Südwesten liegen. Die beste Position für Ihr Bett ist es, wenn das Kopfende im Norden liegt. Aber man kann den Kopf auch in den Süden, Südosten, Osten, Nordosten, Westen und Nordwesten betten; nicht empfehlenswert ist der Südwesten.

Treppenhäuser

Von unterirdischen Erzadern oder Wasseradern, von geologischen Verwerfungen oder dem Faradayschen Käfig lassen sich Feng-Shui-Meister nicht beeinflussen. Östliche Energietheorien sind anders als westliche, bewiesen allerdings sind bislang beide nicht, obwohl man seit Jahrtausenden daran glaubt.

Wichtig für die Gesundheit und das

TIP WEST
Enge Treppenaufgänge gewinnen, wenn die Stufen beleuchtet werden. Aufgänge sollten so breit sein, daß man Schränke, Truhen oder Fauteuils vom Parterre in die oberen Stockwerke tragen kann. (Klaviere kann man zur Not auch über den Balkon hieven.) Stufen sollten aus einem Material sein, auf dem man nicht ausrutschen kann.

Glück der Bewohner eines Hauses sind in beiden Kulturen Wasser und Wind. Niemand baut ein Haus dort, wo es kein Wasser gibt, und jeder wird in einem Haus, durch das es kräftig zieht, krank. Wasser und Wind stehen im Osten aber auch symbolisch für Energie, Lebenskraft, „Lebensodem" – der Begriff Ch'i läßt sich schwer übersetzen. Für die Bewohner eines Hauses ist es von großer Wichtigkeit, durch welche Öffnung dieser Lebensodem ins Haus kommt, wie er geleitet wird und ob er Glück oder Unglück mit sich bringt.

Neben der Position des Haustores ist es wichtig, wie das Treppenhaus, das von diesem wegführt, aussieht. Im Osten denkt man dabei mehr an die Lebensenergie, im Westen spielt man mit Frischluft, Zugluft und Optik.

TIP OST
Vermeiden Sie, daß Treppenaufgänge gleich hinter (gegenüber) der Haustür beginnen und direkt an der Tür des oberen Stockwerks enden, sonst entflieht das Ch'i, bevor es im Haus verströmen kann. Auch Treppen, die Setzstufen haben, sind zu vermeiden, weil das Ch'i nicht fließen kann. Wendeltreppen sind besonders schlecht, weil ihre Form an einen Korkenzieher erinnert, der sich ins Haus einbohrt.

Treppen leiten von einem Wohnbereich in den anderen und bilden an ihrem Anfang einen wichtigen Bestandteil der Gestaltung. Geschwungene Treppen, auch Wendeltreppen ziehen den Blick des Betrachters magisch aufwärts! Man kann sie auch wegen dieses Aspekts in die Gestaltung einplanen.

Handläufe sollten in die Planung einer Treppe integriert werden; sie vermitteln Sicherheit, auch wenn sie nicht benützt werden.

Die Statik

Haben Sie, wie Asterix und die Gallier, Angst davor, daß Ihnen der Himmel (die Decke) auf den Kopf fällt? Dieses Gefühl entsteht, wenn Zimmerdecken „hängen", nirgendwo (optisch) aufliegen. Daß solche Decken, laut Zeitungsberichten, auch manchmal tatsächlich einstürzen, bestätigt das unsichere Gefühl, das man unter ihnen hat.

Nachträglich eingezogene, hundertmal angeschraubte oder an massiver Betondecke hängende, kosmetische, also „falsche" Decken brauchen, damit sie Statik und Sicherheit vermitteln, optische Stützen, dann vermitteln auch sie ein Gefühl der Geborgenheit.

Ein Raum mit Balkendecke hat Höhlencharakter, die Höhle ist allerdings

dern, an einer Wand kann eine Bordüre die Decke optisch stützen.

Schlußsteine an Torbögen, Ecksteine an Mauern waren früher mit Ornamenten versehen. Damit wurde betont, daß das „Ding zusammenhält". Das vermittelt Sicherheit.

TIP OST
KEINE BALKENDECKEN
Freiliegende Balken und dunkle Balkendecken aus Holz sind zu vermeiden, sie können eine Quelle von Unglück sein. Sichtbare Balken und Säulen sind wie Giftpfeile, man kann ihre negative Wirkung aber schwächen, indem man Glockenspiele von der Decke hängen läßt.

TIPS WEST
BALKENDECKEN-KOSMETIK
- Hängt man in zu hohen Räumen nachträglich rustikale Balken auf, dann müssen sie optisch so über die Decke laufen, daß sie an den Enden dort aufliegen, wo auch echte Balkendecken aufliegen würden.
- Gewölbe vermitteln das Gefühl vollkommener Sicherheit. Unter einem Gewölbe denkt, meditiert und studiert man besonders gut. Im Gegensatz dazu steht die durchhängende Decke; unter ihr fühlt man sich nie wohl.
- Die Hohlkehle ist die einfachste Methode, die Decke optisch zu stützen. Unter Decken, die mit Hohlkehlen in die Wände übergehen, fühlt man sich viel wohler als in Räumen, in denen zwischen Decke und Wänden der schnurgerade rechte Winkel liegt.
- Farben und Ornamente: Angenommen, Sie malen die Decke eines Raumes dunkler, weil sie niedriger wirken soll. Dann empfiehlt es sich, die Farbe über die Hohlkehle zu ziehen und mit einer Bordüre oder Stuck als Abschluß der Wandfarbe abzuschließen.

nur dann gemütlich, wenn der Raum nicht zu niedrig ist. Zu hohen Räumen kann man durch Einziehen falscher Balken Höhlencharakter verleihen.

Sicherheit durch Dekoration

Im Außenbereich oder im Innenraum können Ornamente und Dekor sowohl nützlich sein als auch Sicherheit vermitteln. An Gartentoren und Holzzäunen kann eine Einkerbung Nässestau verhin-

Finanzielle Sicherheit

Wer heiratet und ein Haus baut, denkt langfristig. Leider wird aber jede dritte Ehe geschieden. Es wäre also unrealistisch, sich nicht darüber Gedanken zu machen, was passiert, wenn...

Angenommen, das Haus, die Wohnung muß verkauft werden. Wieviel Haus oder Wohnung wirklich wert sind, sehen Sie erst jetzt. Jeder Makler wird Ihnen sofort sagen, daß all die Einbauten nach zehn Jahren nichts mehr wert sind. Als Faustregel gilt: Ein Einbau, und sei er noch so gut erhalten, ist nach drei Jahren nur noch 60 Prozent des Anschaffungspreises wert, nach zehn Jahren abgewohnt und damit wertlos.

TIP WEST
Investieren Sie Ihr Geld in mitnehmbare Gegenstände, in Kunst, Antiquitäten, klassisches, gutes Design, in Schallplatten, CDs und Bücher. Was Sie beim Umzug mitnehmen können, sind die Bücher – und nicht die Bücherwand.

Sammeln macht glücklich

Auch wenn wir in Städten leben, sind wir doch immer noch Jäger und Sammler. Sammlungen sind etwas sehr Persönliches, ein Teil von einem selbst. Sammlungen kann man mitnehmen. Sammeln beglückt und entspannt doppelt: während man sammelt und während man die Sammlung betrachtet. Vorausgesetzt, die gesammelten Objekte sind schön, interessant, appetitlich und nicht aufdringlich. Wobei sich hier der Sammler vom Kunstsammler unterscheidet, der selbstverständlich auch Unappetitliches, Aufrührerisches, Provokantes und Kontroversielles sammeln kann oder sollte. (Er muß damit ja nicht wohnen.)

TIP WEST

Wenn Sie ein ererbtes Stück haben und schon seit Jahren nach einem geeigneten Platz dafür in der Wohnung suchen, ihn aber nicht finden, dann machen Sie es wie mit einem Kleid, das mehr als zwei Jahre ungetragen im Schrank hängt: verkaufen Sie es! Wenn sich im Laufe Ihres Lebens zu viele Erinnerungsstücke angesammelt haben, trennen Sie sich von einigen, verwandeln Sie den Erlös in Neues, an das Sie sich nun erinnern können.

In der Natur finden sich Sammelobjekte, die nichts kosten: Steine, Federn, Muscheln, Treibholz usw. Arrangiert man sie mit Liebe und präsentiert man sie gezielt, so werden sie zu besonderen, wertvoll erscheinenden Objekten, z. B. wenn man sie in einen Glasschrank stellt oder wie ein Kunstwerk beleuchtet. Präsentiert man sie lieblos, dann wirken sie wie verstaubtes Gerümpel.

Antiquitäten

Jede Antiquität erzählt zwei Geschichten: die eine, wie man sie gefunden und erworben hat, die andere die der Vorbesitzer. Das können glückliche, aber auch vom Pech verfolgte Menschen gewesen sein. Dieses Flair, nicht mit Schicksal zu verwechseln, nimmt man mit, wenn man Antiquitäten kauft.

Mit Antiquitäten sollte man die Wohnung nicht vollstopfen, sie wirkt sonst verstaubt wie ein Trödlerladen. Eine Wohnung, in der viele Antiquitäten stehen wirkt nur dann wohnlich, wenn diese, mit wenigen Ausnahmen „besonderer Stücke", benützbar sind. Man kann ohne weiteres Altes mit Neuem kombinieren. Neu sollten jene Einrichtungsgegenstände sein, die bequemer als die antiken sind oder die es früher noch nicht gegeben hat: z. B. die Sitzgarnituren, die Couchtische, die Beleuchtungskörper.

Im siebenten Himmel

Das Herz wird warm, es prickelt in allen Gliedern, leise Musik liegt in der Luft... Liebe geschieht, der Erotik kann man nachhelfen. Ob es nun Ihr persönliches Zimmer ist, das gemeinsame Schlafzimmer, die Single-Wohnung oder die Absteige – wenn Sie erotisches Ambiente gestalten möchten, sollten Sie einige Dinge nicht außer acht lassen.

Stellen Sie sich vor, eine erotische Nacht liegt vor Ihnen, Sie öffnen die Tür... Duft umgibt sie, ein ganz persönlicher Duft. Jasmin, Sandelholz, Patschuli, Rose, Ylang-Ylang sind pflanzliche, erotisierende Düfte, von denen ein paar Tropfen genügen, um Atmosphäre zu erzeugen.

Wichtig ist der Spiegel im Entree, er wird so beleuchtet, daß er schmeichelt. Zwielicht liegt im Raum. Die Musik ist leise, eine kleine Bar ist vorbereitet, sie sollte immer in Reichweite sein, wie alles, was man an diesem Abend ansehen oder anrühren möchte, in Reichweite sein soll. Verführen heißt, den anderen nicht aus den Augen verlieren.

Kostbarkeiten, die den Gast auf die Vergangenheit des Gastgebers oder der Gastgeberin hinweisen, wurden beiseite geräumt. Kostbar sind in dieser Nacht einzig Körper, Seele und Zeit. Der Geist darf ruhig entschweben.

TIP WEST
DAS LICHT
Mehrere Lichtquellen, die nicht leuchten, sondern beleuchten, machen Stimmung (Spots auf Bilder, Blumen usw. richten). Kerzenlicht flackert und ist romantisch. Tischlampen und Wandleuchten sollten das Licht streuen, also mit einem Schirm umgeben sein. Handgewebte Stoffschirme von Naturweiß bis Teefarben geben das schönste Licht.
Rotlicht nährt die erotische Erwartung, glättet Falten, verwischt Konturen, macht Figurmängel belanglos und bringt graue Haare zum Verschwinden.

Heute ist die Nacht der Sinne. Trotzdem wird man auf die Technik nicht verzichten, nicht auf den Kühlschrank, den CD-Wechsler und den Dimmer, mit dem das Licht geregelt werden kann. Mit seiner Hilfe wird der Gastgeber oder die Gastgeberin zum Regisseur des Abends.

Das Bett ist gemacht, doch ist es nicht der einzige Ort, an dem man sich liebt. Ein Fauteuil, eine Couch, beide handfest und stabil, dunkel, mit Samt oder Leder bezogen, ein Teppich sind Streicheleinheiten, die man dem ganzen Körper vergönnt.

Gute Betten sind hart, rauh ist das Leintuch, weich sind die Kissen und der Körper der Frauen. Ein weiches Bett, in dem schon einer alleine versinkt, ist kein idealer Liebesort. Körpernähe, gleichzeitig Körperferne sollten möglich sein, die Bettbreite von 170 cm ist ideal. Das Bett soll von drei Seiten zugänglich sein, kein „Fußende" und weder Kanten noch Ecken haben.

Warme Pastelltöne schmeicheln der Haut. Bei der Auswahl der Farben für den Single-Raum braucht man auf nichts anderes Rücksicht zu nehmen als auf die eigenen Farbvorlieben und den Hautton, zu dem die Farben passen sollen.

TIP OST
DAMIT DIE EROTIK NICHT EINSCHLÄFT
Eine im Fenster hängende Kristallkugel bringt Leidenschaft in Ihre Beziehung.
Alle Gegenstände um Sie herum sollten abgerundet sein.
Integrieren Sie rote Dinge ins Schlafzimmer. Wollen Sie eine Beziehung beleben, dann stellen Sie 27 Tage lang rote Rosen in eine Vase; die Rosen müssen immer frisch sein.
Wenn Sie 27 Nächte lang mit dem Kopf im Nordosten schlafen, werden Sie sehr leicht schwanger!

Ländliches Wohnen

Wer hätte es nicht gern, das alte Häuschen mit dem verwilderten Grundstück, dem verwitterten Zaun, der Morgensonne und dem Abendrot, einsam gelegen und doch nicht allzu weit von der Zivilisation entfernt? Gibt es das Häuschen noch? Ja, man muß es nur suchen. Nach den Gründerjahren der Siebziger, in denen die kreativsten der Städter aufs Land zogen, gibt es wieder schöne Anwesen zu pachten oder zu kaufen. Viele von ihnen sind renoviert; die alten jedoch, die findet man im ehemaligen Osten. Zwischen Polen und Rumänien liegt ein wahres Bauernhof-Dorado, und verlassene Dörfer sind keine Seltenheit. Fahren Sie hin!

Langsam entdeckt der Landmensch aus der Stadt das ländliche Leben. Hilft beim Heumachen und beim Kartoffelgraben, wacht beim Schnapsbrennen und assistiert beim Witzeerzählen. Mitarbeit ist Kommunikation ohne Worte. Am Lande gelten redegewandte Menschen als Großsprecher. Da ist es besser, man setzt Zeichen.

Seit Europa zusammenrückt, muß Aussteigen nicht nur die Toskana bedeuten. In Umbrien sind noch Traumhäuschen frei, und erst in Kroatien! Ein wenig abseits der Küsten, oben in den Bergen, keltern immer mehr Aussteiger ihren eigenen Wein. Und Portugals grünste Täler liegen nicht an der touristischen Algarve, sondern im Norden. An Naturschönheiten reiche Gegenden, reizvoll mit Häusern bebaut, die auch ohne Architekten und Industrie – oder gerade deshalb – komfortabel und wohnlich sind, gibt es in Europa genug.

Alten ländlichen Bauformen ist eines gemeinsam: sie sind langsam gewachsen, ihre Form richtet sich nach der Funktion, die sie erfüllen. Ursprünglich schützten sie vor Wind und Wetter, und mehr noch als den Menschen schützten sie die Nutztiere. Das geschah entweder unter einem einzigen riesigen Dach oder in mehreren Gebäuden unter mehreren Dächern. Das ist von Gegend zu Gegend verschieden und hat auch mit dem Erbrecht zu tun. Erbten mehrere Kinder, dann entwickelte sich aus einem Anwesen bald eine Dorfstruktur, in der es viele Handwerker gab. Die Höfe und Häuser in solchen Dörfern hatten hübsch bemalte oder verzierte Fassaden und kunstvoll geschnitzte Balkone. Erbte jeweils nur einer, so zogen die anderen weg oder blieben als Knechte auf dem Hof zurück. Es entstanden Einzelhöfe. Wo heute nur noch eine Kleinfamilie mit Großmutter wohnt, lebten einmal an die zwanzig Leute. Die mit der Sense gemähten Wiesen, die von Hand geflochtenen Zäune, die Gartenparadiese der Hausfrau, das rege Leben tagaus tagein lassen diese Art bäuerlichen Lebens in romantischem Licht erscheinen, auch wenn die Arbeit hart und mühsam war. Solche schönen Anwesen bestanden aus Wohnhaus, Stall, Scheune, Ausgedingehaus (Altenteil), Marhaus (Knechthaus), Getreidespeicher, Mühle, Preßhaus, Brunnen, Dörre, Backofen, Bienenhaus, Taubenschlag, einer Hauslinde oder einem Hausahorn, einem Wegkreuz oder Bildstock (Marterl) oder gar einer kleinen Hauskapelle und einem Holunderbusch daneben.

Glauben und Aberglauben

Im täglichen Leben reichten Glauben und Aberglauben einander die Hand: Gegenüber der Stube mit dem Herrgottswinkel lag die Tür mit dem heidnischen Abwehrzeichen gegen böse Geister, und an Getreidespeichern kann man noch heute sehen, daß man sowohl aus dem Glauben als auch aus dem Aberglauben praktischen Nutzen zu ziehen versuchte. Getreidespeicher, feuersicher auf Stein gebaut, befanden sich immer etwas vom Anwesen entfernt. Auf dem Dach war ein heidnisches Abwehrsymbol, über der Tür ein christliches Heiligenbild oder Kruzifix, hinter der Tür der ganze Reichtum der Familie oder des Dorfes – Schinken, Speck, Wurst, Getreide, Eier, Brot, Schnaps und Geld.

Werden und Vergehen

Wenn die Familien kleiner oder größer wurden oder andere Änderungen eintraten, wurde ein nicht mehr gebrauchtes Gebäude nicht mehr instand gehalten. Verfall hatte immer seinen Platz am Bauernhof: Hier starb ein alter Knecht, dort fiel eine Scheune zusammen, und hinter dem Stall verrottete der Misthaufen. Das war lebendiges Werden und Vergehen. Bei Bedarf wurden wieder neue Gebäude errichtet. Man paßte sich also den Wechselfällen des Lebens an; Arbeiten und Wohnen hat man nicht voneinander getrennt.

Nicht voneinander getrennt waren auch die Bausubstanz und die Landschaft. Die Häuser, erbaut aus den in der Umgebung vorkommenden Materialien, deren Oberflächen verwitterten und sich optisch mit der Natur verbanden, diese Häuser waren in die Landschaft integriert. Mach die Augen auf, wenn du spazieren gehst! Alte Stadtmauern, Ruinen, Burgen, nicht mehr befahrene Landstraßen sind deshalb liebenswert, weil der Verfall durch das Bewachsen der Steine ganz natürlich wirkt.

Diese Verbundenheit mit der Natur kann man rund ums Haus fördern, z. B. auf Terrassen, Wegen und Zufahrten, indem man Baumaterialien und Pflanzen miteinander zu einem Ganzen verwebt. An schattigen Stellen zwischen Haus, Wiese und Garten pflanzt man Moos und Farne zwischen die Steine oder an den Wegesrand, an sonnigen Stellen Mauerkatzen und sonnenliebende Pflanzen. Wenn man Wege und Plätze nicht pflegt, sprießen Kamille oder Löwenzahn, Spitzwegerich oder Glockenblumen aus Zwischenräumen und Ritzen hervor. Auch das sieht hübsch aus.

Jeder sein eigener Schloßherr

Den richtigen Umgang mit der Natur kann der Landmensch aus der Stadt von den Bauern, aber auch vom Landadel lernen, warum nicht? Irgendwie fühlt sich ja heute jeder Bürger als Edelmann. War die Kirche meist das höchste Gebäude im Dorf, so war das prächtigste Gebäude in der Landschaft das Schloß. Und – was das Wichtigste ist – es gab kein Schloß ohne Park, egal, ob der Park im Stil der Zeit ein formeller französischer Park war oder ein englischer Landschaftsgarten. Ein Park ist ein wunderbares

Aberglauben rund ums Haus

- *Unter einer Leiter durchgehen bringt Unglück*
- *Ein vierblättriges Kleeblatt bringt Glück, Liebe und schützt vor dem Blitz.*
- *Katzen sind Wetterpropheten und kündigen Besuch an. Putzt sich eine Katze vorne, darf man einen Mann erwarten, putzt sie sich hinten, kommt eine alte Frau, leckt sie ihren Schwanz, wird es ein unangenehmer Besuch, kratzt sie sich hinterm Ohr, kommt ein angenehmer Besucher.*

- *Hunde sind Wetterpropheten. Frißt ein Hund Gras, ist schlechtes Wetter zu erwarten. Läuft einem ein fremder Hund nach, ist mit kommendem Glück zu rechnen.*

- *Hufeisen bringen Glück*
- *Man klopft auf Holz, um nichts „zu verschreien".*
- *Man soll nie auf derselben Seite abends in das Bett und morgens aus dem Bett steigen. Und immer den rechten Fuß zuerst auf den Boden setzen!*
- *Man soll immer mit dem rechten Fuß zuerst ein Haus betreten.*
- *Hexenbesen haben einen Stiel aus Vogelbeeren-(Ebereschen-)holz.*
- *Ein Kuß unterm Mistelzweig bringt Glück. Amulette gegen böse Geister sind aus Mistelholz.*
- *Eine Bohne, in die Kinderwiege gelegt, schützt vor bösen Geistern.*
- *In den Rauhnächten zwischen dem 21. Dezember und dem 6. Jänner kommen die wilde Jagd, die Frau Perchta und die Perchtenläufe. Zum Schutz gegen die bösen Geister wird am Heiligen Abend, am Christtag und am Dreikönigstag im Haus geräuchert.*
- *Der Richtbaum am Dachstuhl bringt Glück.*
- *Man kann eine Krankheit dem Birnbaum übertragen, indem man dreimal um ihn herumgeht und ihm die Krankheit erzählt.*

- *„Vor den Eichen sollst du weichen, vor Fichten sollst du flüchten, Weiden sollst du meiden, Buchen aber suchen." Achtung: Tatsächlich schlägt der Blitz selten in Buchen ein; aber trotzdem sollte man auch sie während eines Gewitters nicht suchen!*
- *„Vor Eiben kann kein Zauber bleiben". Abwehramulette sollen aus Eibenholz gefertigt sein. Sonst aber gehört die Eibe nicht in den Garten, sondern auf den Friedhof.*

- *Bei Anbruch eines Gewitters steckt man einen Haselnußzweig ins Fenster. Wird man auf dem Feld vom Gewitter überrascht, steckt man sich den Zweig an den Hut. Als Schutz vor dem Blitz sollte der Haselstrauch bei jedem Haus stehen.*
- *Frau Holle wohnt im Holunderbusch. Sie ist ein beschützender Hausgeist. Darum sollte der Holunderbusch bei keinem Haus fehlen. Man soll vor ihm den Hut ziehen, wenn man vorbeigeht.*
- *Die Linde ist der ideale Hausbaum.*

- *Wacholderrauch schützt vor Krankheiten und bösen Geistern. Er ist der beste Gegenzauber gegen böse Nachbarinnen, die gerne die Milch verhexen. Darum steckt ein Wacholderzweig an der Stalltüre.*
- *Gibt es viele Nüsse, gibt es im nächsten Jahr Kindersegen.*

Stück gestalteter und gepflegter Natur. Da stand also der Graf auf seiner Terrasse und blickte in die Natur. Je mehr unverbaute Natur er vor Augen hatte, desto wohlhabender war er. Dabei trickste auch er die Wirklichkeit aus. Mit einem sogenannten „Haha", einem Graben, vermied er es nämlich, sichtbare Mauern und Zäune errichten zu müssen, und konnte sich so der Illusion der grenzenlosen Weite seines Besitzes hingeben.

Gräben, mit glatten Steinen oder Ziegeln ausgelegt oder mit Wasser gefüllt, verhindern, daß Tiere aus der freien Landschaft in die gepflegte Privatlandschaft wechseln: Und wie Mauern und Zäune halten sie auch Menschen von unerlaubten Grenzüberschreitungen ab. Ihr Vorteil: Sie sind nicht sichtbar.

Zum schloßgewordenen Reichtum gehörte immer auch ein entsprechend großer Landstrich. Ein Schloß ohne Park- und Grünland wirkt lächerlich. Das gilt auch heute noch. Verkauft ein Schloßbesitzer seinen Park an eine gemeinnützige Wohnbaugesellschaft, so bedeutet das, daß er sich das Schloß nicht mehr leisten kann. Und erst die neuen „Fertigteilschlösser", die man sogar via Katalog kaufen kann! Wie viele solcher schloßgewordenen Fertighausträume stehen auf dem Land, ohne dazugehörigen Park? Leider viel zu viele. Die Verpflichtung eines jeden Landhausbesitzers zur Erhaltung und Pflege von entsprechend viel Grünland wäre dringend nötig, damit die Landschaft nicht verbraucht und mißbraucht wird.

Grüne Fassaden

In welchem Stil neue Häuser errichtet werden, traditionell oder modern, ist natürlich Geschmackssache. Und Geschmäcker sind verschieden. Was aber tun, wenn man ein Haus erbt oder günstig erwirbt, das in höchster Geschmacksverwirrung errichtet wurde? Die Lösung lautet: zuwachsen lassen. Laß die Natur ganz heran ans Haus! Verstecke häßliche Formen und Fassaden unter Kletterpflanzen. Wintergrüne Kletterer, wie z. B. Efeu, und sommergrüne wie wilder Wein sowie blühende Clematis, Glyzinien, Kletterrosen oder Geißblatt machen aus häßlichen Häusern ein Stück Natur. Hauptsache, die Fenster bleiben frei.

Wichtig ist der richtige Standort. So gibt es Kletterpflanzen, die beim Klettern Sonne, an den Wurzeln jedoch lieber Schatten wollen. Und die Bougainvillea, der Traum aller Kletterpflanzenfreunde, braucht einen Winter ohne Frost. In jedem Fall erhöht die Mauer, an der die Pflanze klettert, die Temperatur des Kleinklimas, das die Pflanze umgibt. In Weinbaugebieten mit mildem Klima gedeihen daher manchmal an einer geschützten Südwand sogar exotische Kletterer. Winterhart und für den Schatten geeignet sind Efeu und Geißblatt. Auch Selbstkletterer lieben manchmal eine Stütze in Form eines Drahtgestells oder wollen hin und wieder, wie der wilde Wein, mit Haken in eine bestimmte Richtung gelenkt werden. Andere Kletterer brauchen ein Spalier, das empfiehlt sich auch bei solchen, die man in Töpfe pflanzt. Man kann Topf und Klettergerüst

bei Bedarf an einen anderen Platz stellen.

Der Wurzelbereich braucht Schatten. Bildet der Mauerbereich keinen, so kann man mit krautigen Bodendeckern welchen schaffen. Setzt man Waldreben in Tröge, so braucht man pro Rebe einen Trog von 45 cm Durchmesser und 45 cm Tiefe. Waldreben werden immer 5 cm tiefer gesetzt als bei der Anzucht. Sie brauchen einen durchlässigen Boden, müssen aber nach dem Pflanzen zweimal täglich gewässert werden. Später werden sie jährlich einmal im Frühjahr gemulcht.

TIP

DIE CLEMATIS

Ihre Heimat ist der Waldrand, wo sie auch heute noch als Waldrebe zu finden ist, als Querverbinderin von Baumstämmen und Gebüsch. Es gibt die ausgefallensten Arten in allen Blütenvariationen und Farben. Will man sie zum Kaschieren häßlicher Bauteile verwenden, so nimmt man in jedem Klima-Fall eine frühblühende Berg- oder alpine Sorte (montana oder alpina). Empfindlichere Clematis-Sorten setzt man in Kübel, und will man Baumstämme oder Sträucher mit robusten Stämmen verschönern, so greift man zur Clematis als Schmuck. Sie braucht zum Klettern ein Gerüst, das kann eine Pergola, ein Spalier, ein Baumstamm, aber auch eine Kletterrose sein, deren nackte Bodenstämmchen man durch eine Clematis kaschieren kann.

Der Luxus des Einfachen

Wer ist ein Selbstversorger, heute, am Ende des zweiten Jahrtausends? Einer der sich alles, aber auch alles selber macht? Sogar die Schuhe? Ein Mensch ohne staatliche Sozialversicherung, ohne Auto? Einer, der seine Kinder selber unterrichtet, ihnen Schokoriegel vorenthält und dafür getrocknete Apfelspalten vorsetzt? Nein, extreme Selbstversorger gibt es nicht mehr. Aber Menschen, die danach trachten, mit weniger Zukäufen auszukommen, einen Gemüsegarten anzulegen, gesund zu leben, die Natur zu beobachten und aus ihr zu lernen und nicht jedem Modegag nachzulaufen. Selbstversorger schätzen den Luxus des einfachen Lebens. Nicht ohne Hintergedanken: Man weiß sich zu helfen, sollte es einmal knapp werden. Niemand glaubt heute ernstlich noch an den unbegrenzt fortschreitenden materiellen Wohlstand.

Im Haus gibt es nur wenige Dinge, die man wirklich braucht: Tisch, Sitzbank, Bett – und vor allem viel Liebe! Wichtiger als alle exotischen Lebensmittel ist klares, gutes Trinkwasser. Wichtiger als der Stil des Fußbodens ist, wie er sich anfühlt, wenn man barfuß auf ihm geht. Auf die Qualität kommt es an, auf den Inhalt und nicht auf die Form. Was ist schöner – ein Marmeladeglas, gefüllt mit einen prächtigen bunten Herbststrauß, oder eine feine Porzellanvase mit Spraynelken?

Im Herrgottswinkel

In katholischen Gegenden steht im Herrgottswinkel das Kruzifix, umgeben von den Bildern der Verstorbenen. In tiefreligiösen Landgegenden von Rumänien, Moldawien und Rußland ist das Kruzifix aus dem Herrgottswinkel verschwunden, geblieben sind die Heiligenbildchen, Familienbildnisse und Wallfahrtsdevotionalien. Der Herrgottswinkel, der seinen Ursprung im römischen Hausaltar und seine Parallelen in den Hausaltären der hinduistischen Hausgötter hat, ist sehr variabel. Was immer auch in ihm steht, ist heilig. So hängt vor dem Herrgottswinkel in der Slowakei ein Vorhang, den man zuzieht, wenn am Bauerntisch Karten gespielt oder gestritten wird. Heute steht in vielen Herrgottswinkeln der Fernseher, mit einem Häkeldeckchen und einer venezianischen Gondel und Plastikblumen vom Kirchtag geschmückt. Auch in diesem Fall ist er ein Heiligtum, umgeben von den spirituellen Zeichen der Zeit.

TIP

KERZENLICHT

Es gibt keine Lichtquelle, die schönere Stimmung macht als Kerzen. Damit Kerzen nicht tropfen, legt man sie eine Stunde vor dem Anzünden in Salzwasser.

Der Tisch

Oft spielt sich das Leben rund um den größten Tisch ab, egal aus welchem Material er besteht. Der Bauerntisch im Alpenland ist meist quadratisch, selten rund, aber nie rechteckig. Die Brotlade befindet sich an der Seite des Tisches, die der Eingangstüre abgewandt ist. Der Tisch steht meist in der Ecke, unter dem Herrgottswinkel. Wer auf der Eckbank in der Ecke sitzt, hat während des Essens seine Ruhe, wer an den Flanken sitzt, muß ständig aufstehen und die anderen bedienen.

Ein großer, langer Tisch, eine „Tafel" braucht Servierpersonal. So ein Tisch steht darum auch meist in der Mitte eines Raums. Gemütliche Tische haben eine Platte aus Birne, Esche oder Ahorn, auch Zeder oder Zirbe eignen sich gut. Solche Tische brauchen kein Tischtuch. Je mehr Spuren der Jahre darauf zu sehen sind, desto sympathischer. Gekerbt von den vielen Ausrutschern beim Speckschneiden, gezeichnet vom schwarzen Fleck in der Mitte, den einmal der Adventkranz eingebrannt hat, wird ein Tisch lebendig. An ihm wird gegessen, getrunken, politisiert und gestrickt, Karten gespielt. An ihm wird gelebt.

Ein echter Bauerntisch war einst der Safe der Familie. An den sogenannten „Jogltischen", die aus schwer brennbarem Holz gefertigt sind, befindet sich zwischen der Brotlade und der verschiebbaren Tischplatte die Geldlade, zu der man nur schwer gelangt, weil die Platte sehr massiv ist. Der „Jogltisch", aber auch die aus dem Süden stammende, massive „Tafel" sind alte Tischformen, die heute noch genauso ihre Dienste tun wie früher und in Würde altern.

Massive Tischplatten inspirieren moderne Geister zu neuen Ideen, mit denen die alte Gemütlichkeit wieder im Alltag einzieht. So kann man in der Mitte des Tisches eine Heizplatte installieren und auf ihr kochen, wenn Freunde und Familie rund um den Tisch sitzen. Eine Feuerzangenbowle, solcherart zubereitet, macht Stimmung.

DETAILS EINES „JOGLTISCHES":

- Brotlade, vom Hauseingang abgewandt
- verschiebbare Platte, darunter Geldlade,
- dicke Holzplatte, die zweimal im Jahr mit Benzinwachs oder Büffelbeize eingelassen und mit Tuch und Bürste nachpoliert wird,
- leicht abgerundete Ecken und Kanten,
- gemütliche Größe: zwei Gegenübersitzende können einander berühren, wenn sie die Arme ausstrecken,
- Platte aus Ahorn, Birne, Eiche.

Das Bett

Es gibt Kulturen, in denen Tisch und Stühle überflüssig sind und statt dem Bett eine Matratze genügt. Wer ein Häuschen rund ums südliche Mittelmeer sein eigen nennt, darf auf ein klassisches Bett verzichten. In mittel- und nordeuropäischen Breiten sollte man aber weder auf dem Boden hocken noch schlafen – auch wenn es Tradition ist, wie in Japan. Dort allerdings ist das Rheuma die Volkskrankheit Nummer eins.

Es ist schwer, ein altes Bett zu finden, das heutigen Ansprüchen gerecht wird. Die Bauernbetten zum Beispiel haben gar sonderbare Maße. Ein Ehebett war nie länger als 180 cm und breiter als 100 cm, egal, ob es ein Himmelbett, Kastenbett oder Einbaubett war, das man in der Wand verschwinden lassen konnte. In solchen Bauernbetten können heute nur noch Kinder schlafen. Früher lag man auch nicht auf Matratzen, sondern auf Säcken, die mit getrockneten Maisblättern, Seegras oder anderem Laub gefüllt waren. Legte man sich auf diese Säcke, so bildete sich sofort eine Grube, aus der man bis zum nächsten Morgen nicht mehr herauskam.

TIP:
WARME BETTEN

Schlafzimmer sind selten so warm wie andere Räume, und Betten selten vorgewärmt, wenn man hineinsteigt. Man kann einen Ziegel ins Backrohr schieben und, in ein Handtuch gewickelt, vor dem Schlafengehen ins Bett legen. Man kann Flußsteine erwärmen, die man in eine kupferne Bettpfanne gibt. Aber auch getrocknete Kirschkerne, in einen Stoffsack gefüllt und auf dem Ofen erwärmt, vertreiben das lästige Frösteln zwischen klammen Laken.

Nein, unsere bäuerlichen Vorfahren waren, bis auf einige Ausnahmen, keine Freunde erotischer Bettvergnügen. Sie scheinen sich auch mit der Frage nach einem gesunden Schlaf nicht beschäftigt zu haben, wie es die Römer oder Orientalen taten. Die wußten viel mehr. An der Ausstattung von Kurtisanen- und Haremsgemächern sollten wir uns orientieren und nicht an Kaiser Franz Josephs Eisenbett.

Die alten Römer füllten ihre Matratzen mit wohlriechenden Gräsern und Rosenblättern, und Karl VI. von Frankreich saß nur auf Kissen, die mit Lavendelblüten gefüllt waren, und duftete, wenn er sich erhob, selbst wie ein Lavendelstrauch. Wer mit dem Duft von Kräutern (noch) besser schlafen möchte, sollte Bettwäsche benutzen, die nach Lavendel duftet und seinen Kopf auf ein Kissen legen, das nach Rosmarin riecht. Zum Schlafen sollte man die Kräuterkissen unter die normalen Kissen legen und tagsüber das Nachthemd darum wickeln, damit man abends ins duftende Hemd schlüpfen kann.

In südlichen Mittelmeerländern trocknen in ländlichen Gebieten die Frauen heute noch die gewaschenen Leintücher, indem sie sie einfach über Lavendel- oder Rosmarinsträucher legen. Wer auch bei uns auf diese frischen, beruhigenden Düfte im Leintuch Wert legt, tut gut daran, Lavendel- oder

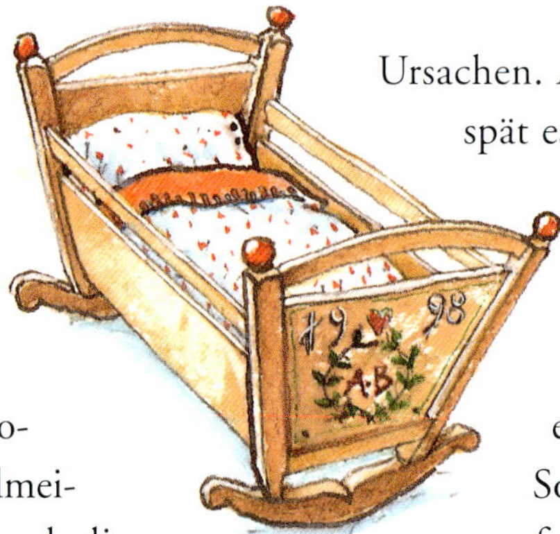

getrocknete Rosenblätter in Mullsäckchen einzunähen und diese in die Wäscheschränke zu legen. Eine bewährte Duftkompositionen ist Lavendel, Waldmeister, zwei Tropfen Patschuli, Iriswurzelpulver und Rosenöl.

Doch in Wirklichkeit geht nichts über frischgewaschene, in Sonne und Wind auf der Leine getrocknete Bettwäsche. Sie duftet nach Freiheit und Luft und nach Ozon und erfüllt jeden, der in ihr schlafen darf, mit wohligen Gefühlen.

So schläft man besser ein

Einschlafschwierigkeiten haben viele Ursachen. Auf keinen Fall sollte man zu spät essen, das heißt, zwischen dem Abendessen und dem Einschlafen sollten drei Stunden liegen. Wer kalte Füße hat, schläft ebenfalls schwer ein. Das beste Mittel: warme Socken! Organschwächen sind oft der Grund von Schlafstörungen. Wird man regelmäßig gegen drei, vier Uhr früh wach, dann arbeitet die Leber zu langsam. Hier hilft oft eine Wärmflasche. Kaum liegt sie auf dem Bauch, schläft man wieder ein.

TIP:
HILFE BEI EINSCHLAFSCHWIERIGKEITEN

Gegen Einschlafschwierigkeiten helfen Tees oder Teemischungen aus Baldrian, Dill, Klatschmohn (Blütenblätter), Basilikum, Melisse, Raute, Johanniskraut, Königskerze, Schafgarbe.

ROSMARINKISSEN

1 Tasse trockene Rosmarinnadeln
1 Tasse getrocknete Zitronenmelisseblätter
2 Tassen getrocknete Fichtennadeln (auch Föhren- oder Zirbennadeln)

Die Zutaten werden leicht zerstoßen, gemischt und in kleine Säckchen gefüllt, die man unter das Kopfkissen legt.

KRÄUTER-BLUMEN-KISSEN

1 Tasse trockene, duftende Rosenblätter
1 Tasse Jasminblätter oder echte Veilchen oder Ringelrosen
1 Tasse getrockneter Lavendel
1 Tasse getrocknete Zitronenmelisse
1 Tasse getrocknete Rosmarinnadeln
6 Tropfen Bergamotteessenz oder 70 Gramm getrocknete, pulverisierte Orangenschale

Man mischt alles gut und füllt es in Seiden- oder Baumwollsäckchen.

Eine andere Zusammensetzung für Duftsäckchen:

$^1/_2$ Tasse getrocknete Rosenknospen
$^1/_2$ Tasse getrockneter Lavendel
$^1/_2$ Tasse getrockneter Thymian
1 kleine gestoßene Zimtrinde

Damit werden Garderobenschränke und Wintermäntel „aufgefrischt".

ABENDTEE

5 Teile Baldrianwurzel
3 Teile Melissenblätter
1 Teil Erdbeerblätter

Man nimmt 1 EL Mischung und überbrüht mit $^1/_4$ l kochendem Wasser. Das läßt man 2 Stunden stehen, gießt es dann ab und trinkt es während des Abends langsam, bis zum Schlafengehen.

Vom Umgang mit dem Feuer

Vor dem Kamin und rund um den Ofen

Zuerst saßen sie rund ums offene Feuer, dann zähmten sie es. Dabei gingen unsere Vorfahren mit dem Feuer sehr individuell um; die einen – in England z. B. und in Küstengebieten – entwickelten den offenen Kamin, die anderen – auf dem Kontinent, vor allem in den Alpen – den Kachelofen. Vielleicht blickten seefahrende Völker, wenn sie auf Heimaturlaub waren, gern ins prasselnde Feuer, um neue Pläne zu schmieden? Nun, über das Leben mit dem Feuer kann man lange philosophieren. Man sagt: Je offener die Feuer-Kultur, desto anregender sind die Gespräche, desto schärfer aber auch die Getränke. Am offenen Feuer zeigt der Mensch Esprit und Witz. Das Leben vor dem offenen Kamin, bei dem immer nur eine Körperseite gewärmt wird, während die andere der Kälte ausgesetzt ist, hat auch zur Entwicklung von gemütlichen Polstermöbeln geführt, die den Mangel an Feuerwärme an der Körperhinterseite durch Wolle und Samt aus-

gleichen. In den Alpen, wo es rund um den Ofen auf allen Seiten gemütlich ist, kam niemand auf eine solche Idee.

Wissenswertes über das Räuchern und Grillen im offenen Kamin

In Italien, Spanien und Portugal und im Süden Frankreichs ist es üblich, das Fleisch im Kamin zu grillen. Man ißt kalte und warme Vorspeisen, nimmt sich sein Glas Rotwein und begibt sich zum Kamin, wo man dem Hausherrn – Grillen ist sein Geschäft – Gesellschaft leistet. Das Fleisch wird ohne Beilagen genossen (die aß man schon vorher), man kann sich also voll auf den Genuß eines kräftigen Fleischstücks konzentrieren.

Im Kamin steht über der Glut ein gußeiserner Rost, auf den das Fleisch gelegt wird. Egal, ob es Hühner-, Rinds-, Puten- oder Schweinesteaks sind, wichtig für das Gelingen ist die Fleischqualität und (!) der Rauch. Denn jedes und sei es noch so kurze Grillen ist auch ein Räuchern.

Ideales Grill-/Räucherholz ist hartes, knorriges Kleinholz, z. B. Wacholder oder Holz von alten Weinstöcken. Auch glosende Buchenspäne ergeben einen köstlichen Rauch. Vor dem Grillen bestreicht man die Fleischstücke mit leicht gesalzenem Olivenöl, aber auch mit sonstwie aromatisiertem Öl (Waldmeister, Bärlauch, Estragon, Rosmarin, Wacholder). Man wartet, bis die durch Verbrennung entstandene Holzkohle weiß wird und einen roten Glutkern hat. Dann legt man das Fleisch auf den Rost und grillt nach Wunsch.

GEGRILLTE FORELLEN MIT KRÄUTERN

Man würzt die Forellen innen mit Zitronensaft, Salz und Pfeffer, läßt sie fünf Minuten ziehen und tupft die Innenseite mit einer Papierserviette trocken. Dann pinselt man die Forellen mit Öl aus und füllt sie mit einer Mischung aus Zitronensaft, feingehacktem Knoblauch und Petersilie. Wünscht man eine herbe Geschmacksrichtung, legt man sie mit Salbeiblättern und Lavendelblüten aus. Dann bestreicht man die Forellen außen mit Olivenöl und grillt sie auf dem Rost unter häufigem Wenden. Nach der halben Garzeit (je nach Größe ca. 5 Minuten) streut man die Gewürze, die man verwendet hat, über den Fisch.

Öfen aus Kacheln und Lehm

In sehr kalten Gegenden nahm der Lehmofen früher beinahe den ganzen Raum ein. Er wurde terrassenförmig gebaut, und man kochte und schlief auf ihm. Im Gebirge, vor allem in Tirol, umgibt den gemauerten Ofen eine Bank, und über dem Ofen befindet sich eine Holzdecke, auf die man mittels einer seitlich am Ofen angebrachten Holzleiter gelangt. Dort oben wurde dann geschlafen. Wohl beinahe jeder Ofen war mit einer Bank umbaut, damit man sich darauf ein wenig ausstrecken oder sich zumindest den Rücken wärmen konnte. Gußeisenöfen oder Kachelöfen hatten neben sich und der Wand oft noch so viel Platz, daß ein schmales Bett eingeschoben werden konnte; dort lagen die Wärmebedürftigsten oder zumindest die Katze. In der Nähe der Öfen konnte man auch die nassen Wintersachen wie Handschuhe, Socken, Mützen, Schals trocknen. Zu diesem Zweck wurden die Öfen mit einem Trockenreck aus Holz umgeben. Die gemauerten Öfen oder die Lehmöfen hatten hier und dort

einen größeren Hohlraum ausgespart, der mit einem Türchen zu verschließen war. Da konnte man allerhand wärmen, Tee warm halten oder einen Stein hineingeben, den man dann abends ins kalte Bett legte.

Beim Pfarrer in der Stube gibt es noch einen solchen Ofen. Der Pfarrer, beinahe zahnlos, doch redegewandt, höhlt nachmittags einen schönen Apfel aus und füllt ihn mit Marmelade oder Nüssen und Honig, Rahm (süßer Sahne) und Zucker, stellt ihn auf einen Teller und diesen in das kleine Ofenfach. Abends vor dem Schlafengehen genießt er dann einen köstlichen Bratapfel.

Die Öfen in den Schlafstuben haben Vertiefungen, in die Tongefäße passen, worin man das Wasser für die „Katzenwäsche" wärmt, wenn man kein Fließwasser hat. Hinter, unter oder über den Öfen aller Arten sind immer Plätze, wo das Brennholz für den nächsten Tag vorgetrocknet werden kann. Bauern, die noch keine Stundenplanhühner, sondern vom Wetter legeabhängige Hühner haben, verlegen gern den Hühnerstall in Ofennähe; man kann auf diese Weise die Hühner überlisten, ein wenig mehr zu legen als draußen in der Kälte. In Ofennähe oder auf die Ofenbank legt man Getreidekörner zum Keimen, stellt man Getränke zum Gären, läßt die Liköre, wenn die Sonne nicht scheint, trotzdem ihr Aroma bekommen, trocknet, wenn es vor dem Haus schon zu feucht ist, Nüsse und Pilze. Wer Brot bäckt und einen Knettrog besitzt, stellt diesen in Ofennähe. In der Nähe des warmen Stubenofens sollte ein guter Hefeteig aufgehen. Zu Ostern beherbergt die Ofenbank mehrere mit sauberen Leinentüchern zugedeckte Schüsseln, die nach Teig duften.

Beliebtes Oster-Hefegebäck sind die Süßbrote aus Weizenmehl, in unserer Gegend die „Pinzen", der „Reinling", die „Bauern- Nußkipfel" (-hörnchen) und die „Mohn- oder Nußpotizen".

Heutzutage begnügt sich niemand mehr mit einem einzigen gemütlich beheizten Raum, obwohl manch einer sich an Kindertage erinnert, wo auf der Bettdecke Schnee lag, weil es beim undichten Fenster hereingeweht hatte, oder wo der Großvater des Morgens mit Eiszapfen im Bart über den Flur ging. Man hat es heutzutage gerne überall warm. Ein guter Kachelofen, der in einem niedrigen Raum steht, kann ohne weiteres einen Nebenraum oder den Raum, der darüber liegt, mitheizen.

Rund um den Herd

In alten Bauernhäusern gibt es Herde in den abenteuerlichsten Formen. Ihre Funktion ist es, die Küche schön warm zu

halten, das Essen zu kochen und zu braten, Essen für die, die immer zu spät kommen, warmzuhalten und außerdem soviel Warmwasser wie möglich zu bereiten. Diese Herde sind meist gemauert, gekachelt, haben ein oder zwei Backrohre, eine große Herdplatte und einen zwei- oder dreistufigen Aufbau. In diesem sind oft kupferne Kessel eingebaut, in denen das Wasser erwärmt, wird, das man z. B. zum Spülen braucht. Außerdem gibt es einen kleineren Kessel, in dem das Essen warm bleibt. Viele Herde haben eine eigene Warmwasserbereitungsanlage eingebaut, wobei das warme Wasser in den Nebenraum, der sehr oft als Waschküche oder Badezimmer dient, geleitet wird.

In unserem ursprünglichen Einraumbauernhaus, das ganz aus Holz gebaut war, gab es einen gemauerten Kern, allerdings noch ohne Kamin. Dieser Kern bestand aus einem offenen Herd, einem Brotbackofen und einem Waschkessel, über dem Herd war das Fleisch zum Räuchern aufgehängt. Im Laufe der Jahre wurde der Waschkessel zur Waschküche und diese zum Badezimmer. Der offene Herd wurde in einen Nebenraum verbannt und wird als Räucherkammer benutzt. Daneben, im rauchfrei gewordenen Raum, wurde der Küchenherd aufgestellt, und der Backofen, der mit der Zeit immer kleiner wurde, weil man immer weniger Brot buk, kam neben oder über den Küchenherd. Da beim Schnapsbrennen auch Rauch abgeleitet wird, ist der Platz für die Brennanlage auch immer irgendwo in Kaminnähe, meist in der Waschküche, da man beim Brennen auch Wasser zum Kühlen

TIP:
DER BESTE BRATEN

Braten, egal ob vom Schwein, Rind, Kalb oder Lamm, werden nirgendwo so gut wie im Holzherd – und zwar über Nacht! Die ideale Brattemperatur ist 60°, die ideale Bratzeit beträgt bei dieser Temperatur 16 Stunden. Man schiebt den Braten spätabends ein und heizt tags darauf am Vormittag nur schwach nach.

TIP:

Es geht nichts über Milchreis, der den lieben langen Tag am Herdrand quellen durfte. Rundkornreis (italienischer Risottoreis) wird mit Wasser zugestellt (bis dreifingerhoch über dem Reis). Ein nußgroßes Stück Butter kommt dazu. Das alles läßt man nun zugedeckt eindicken und schüttet immer wieder, unter jeweiligem Um- und Aufrühren, Milch dazu, in der ein wenig Zucker gelöst ist. Der Topf steht am Herdrand. Nach einigen Stunden hat der Milchreis eine unvergleichlich dicke, sämige, leicht karamelisierte Konsistenz und wird mit Zimt, Zucker oder geriebener Schokolade oder nur mit Kristallzucker gelöffelt.

braucht. Der Rauch, der beim Heizen des Backofens oder beim Schnapsbrennen entsteht, wird in alten wie auch in neuen Häusern nicht gleich in den Kamin geleitet, sondern man läßt ihn durch die Räucherkammer streichen. So kann man, vor allem, wenn das Brennholz knapp ist, beim Schnapsbrennen oder Brotbacken das Fleisch gleich miträuchern. In den meisten Fällen aber wird das Fleisch über den eigentlichen Feuerstellen in den Rauch gehängt.

NUSSPOTIZE

für den Teig: *1 kg Weizenmehl, 40 g Hefe, 2 Dotter, 2mal 50 g Butter, 2 EL Zucker, etwas Salz, 1/2 l Milch,*

für die Fülle: *500 g geriebene Nüsse, 500 g brauner Zucker, 5 EL Honig (wenn mehr Honig, dann entsprechend weniger Zucker), Zitronenmelisse, Wasser zum Binden der Masse*

Aus Hefe, etwas Mehl, Zucker und Milch bereitet man eine Gärprobe. Das vorgewärmte Mehl, die Dotter, zerlassene Butter, Zucker, lauwarme Milch und Salz werden mit der Gärprobe vermengt und gut abgeschlagen. Dann bedeckt man den Teig in der Schüssel mit einem Tuch und stellt ihn in die Nähe des Ofens, wo er aufgehen soll (nicht zu nahe an den Ofen stellen, da zuviel Wärme schadet). Ist der Teig hoch aufgegangen, knetet man ihn auf einem bemehlten Brett fingerdick oder dünner aus. Die Fülle-Zutaten vermengen, aufkochen lassen und den Teig mit der lauwarmen Fülle bestreichen. Dann rollt man ihn ein, träufelt (man braucht diese Fleißaufgabe auch nicht zu machen) zerlassene Butter auf die Teigseite, die jeweils unbefettet ist, und rollt den Teig vollständig ein. Ein flacher Kochtopf wird befettet und bemehlt oder mit Semmelbröseln (Paniermehl) ausgestreut und die Teigrolle kreisförmig hineingelegt. Dann läßt man die Potize noch einmal gehen, bäckt sie im Rohr langsam an und bei nicht zu starker Hitze mindestens 1 1/2 Stunden.

HAMMELFLEISCH, GEDÜNSTET (IRISH-STEW)

(6 Portionen)

1 kg Hammelschulter, Salz, Pfefferkörner, 2 Zwiebeln, 20 g Fett, 1 Krautkopf (Weißkohl), Petersilie, Minze, Kümmel, Thymian, Suppengrün, 750 g Kartoffeln

Nach einem arbeitsreichen Tag schmeckt nichts besser als ein kräftiger Eintopf. Ihn gibt es weltweit in allen Variationen, mit und ohne Fleisch, mit dem, was man gerade hat. Wichtig ist der große, schwere Topf, in dem Fleisch und Gemüse dünsten können. Und wo dieser große Topf stehen sollte, ist klar: auf einem altmodischen Küchenherd! Die irische Variante des Eintopfs beruht auf Hammelfleisch. Wer den kräftigen Geschmack des Hammels nicht schätzt, dünstet ein knapp einjähriges Lamm. Mageres, kleingeschnittenes Hammelfleisch wird mit feingehackten, in wenig Fett gedünsteten Zwiebeln, feingehackter Petersilie und den Gewürzen in wenig Wasser halb weich gedünstet. Einen geviertelten, nudelig geschnittenen Krautkopf, nudelig geschnittenes Suppengrün, geschälte und geviertelte Kartoffeln beifügen und alles so lange kochen, bis das Fleisch weich ist.

TIP:
Kienspäne sind besonders harzige Stücke von Lärchen und Kiefern, die man zum Spänemachen verwendet. Sie werden von Wurzelstöcken und Erdstämmen der Kiefern abgespalten. Kienspäne, die früher auf dem Land die Räume erhellten, werden heute zum Feueranmachen verwendet. Aromatische Hölzer, vor allem das Wacholderholz, aber auch Tannennadeln und Fichtenzapfen werden zum Räuchern oder zum Grillen über dem Holzfeuer verwendet.

Brennholz

Je härter das Holz, desto höher der Heizwert, desto geringer der Aschenanfall. Den größten Heizwert der bei uns verbreiteten Holzarten hat die Eiche, bei ihr fällt beinahe keine Asche an. Dann kommt die Buche, mit sehr wenig Aschenabfall, dann die Birke und die anderen Hölzer, z. B. alte Obstbäume oder Eschen. Birkenholz brennt auch in frischem, nassem Zustand, was besonders wichtig ist, wenn man im Freien ein Lagerfeuer entzünden möchte. Weil sie so hübsch aussieht und beim Verbrennen zischt und Funken sprüht, ohne zu stinken, wird die Birke gerne als Kaminholz verwendet. Den hohen Heizwert der Harthölzer sollte man im Ofen nutzen. Für den Küchenherd hingegen sind rasch und heiß brennende Weichhölzer besser, es sei denn, man brät über Nacht Fleisch im Rohr. So kann man mit Hart- und Weichhölzern die Temperatur im Herd regeln.

Lagerung von Brennholz

Brennholz sollte immer ganz trocken sein; vermodertes oder nasses Holz hat keinen Heizwert. Brennholz muß also immer auf Vorrat im Haus sein, d. h. für mindestens ein Jahr. Man lagert in einem Schuppen oder in einer „Holzlage“ oder in einer eigens errichteten Holzhütte, oder man schlichtet es griffbereit an die Hauswand. Kienholz, Späne und Kleinholz, das man zum täglichen Anheizen braucht, legt man immer in Ofennähe, damit das Holz gut trocknet.

Trocknendes Holz, brennendes Holz, aber auch Fichten-, Kiefern- oder Tannenäste, die man hin und wieder ins Feuer wirft, verbreiten das Jahr über einen wunderbaren Duft.

Reinigung und Pflege

Alte Holzdielen

Unbehandelte Holzflächen, z. B. Holzböden, reibt man in Faserrichtung mit heißem Wasser, danach wischt man sie mit kaltem Salzwasser ab. Man kann sie auch mit heißem Seifenwasser reinigen und mit klarem Wasser nachwischen. Kristallsoda macht unbehandelte Hölzer grau!

Auf rauhe, verschmutzte Bretterböden streut man Sägespäne, die mit Wasser oder Terpentin befeuchtet sind. Das läßt man einwirken und kehrt es mit einem Reisbesen ab.

Stark verschmutzte Bretterböden reinigt man mit einem Gemisch aus einem Teil gelöschtem Kalk und drei Teilen feinem Scheuersand.

TIP: WIE MAN SCHEUERSAND SELBST HERSTELLT

Man siebt gewöhnlichen kiesigen Sand durch ein Staubsieb, in welchem der reine Sand zurückbleibt und der Staub durchfällt. Dann leert man den Sand in einen Topf, fügt pro 5 kg Sand 2 Löffel Fett (Abfälle von Kerzen, Ölfässern oder ähnliches) dazu und verrührt die Masse, die über starker Flamme anschließend solange erhitzt wird, als noch Rauch oder Flamme beim Umrühren erscheint. Dann gießt man den noch heißen Sand in ein zur Hälfte mit Wasser gefülltes Gefäß und rührt um, danach entfernt man den Schmutz, der sich an der Wasseroberfläche absetzt, und trocknet den Sand.

Bohnerwachs

Nach dem Reinigen wird gebohnert, und das Wachs dazu kann man selbst herstellen. Dazu braucht man 3 g Seife, 15 g Pottasche, 250 g Bienenwachs und zwei Liter Wasser. Man erwärmt die Mischung unter ständigem Rühren im Wasserbad.

So reinigt man unbehandelte Möbel aus Hartholz

- Möbel aus Kirsch-, Ahorn- und Olivenholz werden mit warmem Seifenwasser gereinigt und mit klarem Wasser nachgewischt. Danach gibt man etwas Olivenöl auf die Oberfläche und poliert mit einem weichen Tuch.
- Möbel aus Walnußholz werden nach dem Reinigen mit Milch eingerieben und mit einem weichen Lederlappen poliert.
- Mahagonimöbel reinigt man mit schwarzem Tee und einem Lederlappen.
- Eichenmöbel kann man mit warmem Bier waschen.

TIP: MÖBELPOLITUR FÜR UNBEHANDELTES HOLZ

Die beste Mischung besteht aus einem Teil Bienenwachs und zwei Teilen reinem Terpentinöl. Man schmilzt die Mischung im Wasserbad, trägt sie mit einem Tuch dünn auf und poliert eifrig nach.

Wie man mit Milch alte Möbel verschönert

Man sollte gute und frische Milch nehmen und die Oberfläche der Möbel vorher etwas aufrauhen, z. B. mit Bimsstein abschleifen. Das Holz wird zuerst mit Rahm (Sahne), dann mit Milch und zuletzt wieder mit Rahm behandelt. Man tragt die Milch bzw. den Rahm mit einem Schwamm auf und reibt so lange mit einem Lappen die Oberfläche, bis sie trocken geworden ist.

Polierte Möbel

Polierte Möbel dürfen nicht wie unbehandelte gereinigt und gepflegt werden, vor allem darf kein Terpentin dran! Zur Reinigung empfiehlt sich, wie für fast alles, verdünnter Essig oder eine Mischung aus Kartoffelmehl und Leinöl. Danach poliert man mit Milch.

Polstermöbel und Teppiche klopfen

Damit beim Klopfen kein Staub aufwirbelt, legt man auf Polstermöbel oder Teppiche ein Leintuch, das man in eine Mischung aus Molke, Wasser und Essig getaucht und danach ausgewunden hat.

Am schönsten werden Teppiche, wenn man sie im Winter auf dem Schnee klopft. Man legt sie mit dem Flor nach unten auf frischgefallenen Schnee und klopft in mehreren Durchgängen, wobei man den Platz wechselt.

Helle Teppiche reinigt man mit einer Mischung aus Kleie und Salz, die man auf den Teppich streut, gut durchbürstet und zum Schluß mit einem in verdünntem Essig getränkten Tuch einreibt.

Fenster und Zwiebeln

Salmiakgeist ist der beste Glasreiniger; es gibt aber auch ganz natürliche Reiniger, wie z.B. Zwiebeln. In Hälften geschnitten, eignen sie sich wunderbar zum Putzen stark verschmutzter Fenster. Danach mit Regenwasser, dem ein wenig Zitronensaft beigemengt ist, wischen. Milchglas reinigt man mit heißem Essigwasser.

Wie man Goldrahmen reinigt

Von Insekten verschmutzte oder matte Bilder, Spiegel, vergoldete oder polierte Rahmen sind wieder auf Glanz zu bringen, wenn man sie mit der Schnittfläche einer halben Zwiebel gut abreibt und nach einer Stunde mit einem feuchten Schwamm nachwischt.

Mit Brot reinigen

Mit Brotkügelchen als „Radiergummi" entfernt man Verunreinigungen an gekalkten, gestrichenen Wänden.

Früher reinigte man mit gerösteten Brotkrumen kostbare Gold- und Silberstickereien. Man streute sie heiß auf die Stickerei und rieb mit der flachen Hand so lange darauf herum, bis die Stickerei ganz damit bedeckt war. Dann legte man Leinwand darüber. Nach einiger Zeit klopfte man die Stickerei auf der umgekehrten Seite aus und bürstete mit einer weichen Bürste nach.

Fett-, Teer- und Ölflecke aus Seide oder Wolle entfernen

Man streicht Eidotter auf den Fleck und reibt mit lauwarmem Wasser die beschmutzte Stelle durch. Sobald der Fleck verschwunden ist, wird die Stelle noch einige Male mit reinem Wasser ausgewaschen und im Schatten getrocknet. Bei seidenen Stoffen kann der Fleck auch mit heißer Semmelkrume gerieben werden, oft hilft schon das allein.

Wie man Gußeisen einen glänzend schwarzen Überzug verleiht

Gußeisentöpfe, -pfannen o. ä. werden mit einer dünnen Schicht Leinöl bestrichen, die nicht abfließen oder Tropfen bilden darf. Man hängt die Töpfe an einem gebogenen Draht über ein Holzfeuer, bis sie in Rauch eingehüllt sind; nach einer Stunde hängt man sie tiefer, so daß sie der Glut sehr nahe kommen, ohne sie jedoch zu berühren. Nach 15 Minuten taucht man sie in kalten Terpentingeist. Sollten sie noch zuwenig schwarz glänzen, hängt man sie nochmals einige Minuten lang über die glühenden Kohlen und taucht sie neuerlich in Terpentingeist.

Wie man Kupferkessel vor Abnutzung schützt

Man nimmt gestoßenes, gesiebtes Ziegelmehl, verrührt es auf einem Reibstein mit Eiweiß zu einem dicklichen Brei, danach schabt man den Boden des Kessels ab, rauht ihn mit Bimsstein auf und trägt die Mischung mit einem steifen Pinsel auf. Dann läßt man sie an der Sonne trocknen und wiederholt den Vorgang.

BACHLER, Käthe: *Erfahrungen einer Rutengängerin.* Veritas, Linz 1986
BEARD, Geoffrey: *The Compleat Gentleman.* Rizzoli, New York 1992
BIXLER, Susan: *The Professional Image.* Putnam, New York 1984
CONRAN, Terence: *Design.* Conran Octopus Ltd., London 1996
CONRAN, Terence: *Wohn-Ideen – Wohn-Design.* DuMont, Köln 1996
CONRAN, Terence: *The Bed and Bath Book.* Mitchell Beazley, London 1978
CONRAN, Terence: *The Kitchen Book.* Mitchell Beazley, London 1977
CUMBERBATCH, Jane: *Pure Style.* Ryland Peters & Small, London 1996
DICKSON, Elizabeth/Margaret Colvin: *The Laura Ashley Book of Home Decorating.* Octopus Books, London 1982
FEHRINGER, Franz/Traudl Rother-Ebert: *Niemand baut für sich allein.* Niederösterreichisches Pressehaus, St. Pölten – Wien 1981
„Freundin"-Farbberater für die Wohnung. Falken, Niedernhausen/Taunus 1993
GILLIATT, Mary: *Mary Gilliatt's New Guide to Decorating.* Conran Octopus, London 1982
GRÜNACKER, Hertha: *Fleck weg ohne Gift.* Orac, Wien 1985
INNES, Miranda: *Wohnen im ländlichen Stil.* Christian, München 1990
KOCH, W. A.: *Varia Semiotica.* Olms 1971
Licht im Raum. Mosaik, München 1988
LOSCHEK, Ingrid: *Mode, Verführung und Notwendigkeit.* Bruckmann, München 1991
Maison de Bois. Editons Centre Pompidou, Paris 1979
MILLER, Judith und Martin: *Period Style.* Mitchell Beazley, London 1989
NAAR, Jon: *Your Space.* St. Martin's Press, New York 1979
PEARSON, David: *The Natural House Book.* Conran Octopus, London 1989
PLETERSKI, Friederun: *Die kleinen Tricks der großen Einrichter.* Orac, Wien 1992
PLETERSKI, Friederun/Renate Habinger: *Ein Haus ist mehr als ein Dach überm Kopf.* Molden, Wien – München – Zürich 1981
Renovieren und Einrichten. Mosaik, München 1991
RUDOFSKY, Bernhard: *Architecture without architects.* Doubleday, New York 1964
RUDOFSKY, Bernhard: *Sparta – Sybaris.* Residenz, Salzburg 1987
SHARETY, Sarah: *Feng Shui – Harmonie im ganzen Haus.* DuMont, Köln 1997
SHELTER I, Shelter II. Shelter Publications, Bolinas, California, 1978
SLOAN, Annie/Kate Gwynn: *Colours in Decoration.* Frances Lincoln, London 1990
STANEK, Heinz: *Biologie des Wohnens.* Klett-Cotta, Stuttgart 1984
STERN, Jane und Michael: *The Encyclopaedia of Bad Taste.* Harper Collins, New York 1990
TOO, Lilian: *Das große Buch des Feng Shui.* Droemer Knaur, München 1997
WANSCH, Franz: *Wohnen mit Körper, Geist und Seele.* Rowohlt, Reinbek 1989
WARD, Peter: *Kitsch in Sync.* Plexus, London 1991
WATSON, Linda/Rose Martin: *More dash than cash.* Vogue/Condé, London 1988
WISE, Herbert H.: *Attention to Detail.* Putnam, New York 1979
Wohnen – Simple Chic. Droemer Knaur, München 1993

Bildnachweis

Architekturphoto, Dortmund: 38, 84, 122, 128.
Austrian Archives/Helmut Nemec, Wien: 24 l., 25 l., 52 l. o., 52 r. M., 52 l. u., 80 u., 124, 140, 144.
Buenos Dias, Wien: 9, 18 l. o., 20 l. u., 37, 52 r. o., 52 l. M., 52 r. u., 63, 80 o., 89, 92 o., 105, 115, 116 l. o., 116 r. o., 116 l. M., 121, 137.
Mischa Erben, Wien: 20 u. r., 30 o., 60 o., 60 l. u., 126.
Grüne Erde, Scharnstein: 12 u., 16 l. u., 25 r., 58, 64 l. o., 92 u., 94, 98 u., 100 l. o. 100 u., 106 u., 110, r. o., 130, 132.
Gunther Lambert/Mönchen-Gladbach: 28 o., 66, 76, 78 l., 78 r., 108 u.
Hoyos/Trauttmansdorff, Wien: 125
Image Bank, Wien:12 o., 64 l. u., 64 r. u., 90.
Karl Korab, Sonndorf: 86
Laura Ashley, Eindhoven: 26 u., 28 l. u., 28 r. u., 48, 72, 75.
Okapia, Frankfurt/Main: 26 o.
Picture Press, Hamburg: 16 r. o. (Stradtmann), 16 r. u. (Willig), 18 r. u. (Thurmann), 20 o. (Willig), 22 M. (Nüttgens), 51 (Wendorf), 64 r. o. (Stradtmann), 70 l. (Stradtmann), 98 o. (Thurmann), 107 o., (Deimling), 110 l. o. (Thurmann), 110 u. (Thurmann), 129 (Stradtmann).
Friederun Pleterski, Wien: 22 l. u., 22 r. u., 30 u., 70 r., 82 r. o.
Gerhard Trumler, Wien: 10 o., 10 u., 82 l. o., 116 ??
Verlag Christian Brandstätter, Wien: 14, 18 l. M., 42, 69.
Vienna Slide, Wien: 16 l. o., 16 l. M., 16 r. M., 18 l. u., 22 o., 24 r., 41, 60 r. u., 70 M., 79, 100 r. o., 106 o.
Kurt-Michael Westermann, Wien und Hamburg: 82 u.
WK-Wohnen, Wien: 18 r. o., 18 r. M., 74.

In der Reihe
WEGE ZUR NATUR
Edition Grüne Erde im Verlag Christian Brandstätter
außerdem erschienen:

Auf den grünen Zweig gekommen:

Dieses Buch ist ein praktischer Ratgeber für Groß- und Kleinstadtmenschen, Ernährungs- und Gesundheitsbewußte, Hobbygärtner und Biobauern, Einsteiger unter den Aussteigern und alle anderen, denen der kleine grüne Kaktus am Balkon zu wenig ist.

Friederun Pleterski/Renate Habinger
Die Freuden des natürlichen Lebens
Ein guter Ratgeber zum Selbstversorgen von Leib und Seele

240 Seiten. Mit zahlreichen Farbphotographien und Illustrationen.
Format 20 x 28 cm, ISBN 3-85447-789-9

Verführen und verführen lassen:

Betörende Düfte, stimulierende Essenzen, Pflanzen der Liebe und Speisen, die den Gaumen kitzeln. Magische Zauber- und Liebestränke ... Manchmal kann es nicht schaden, der Liebe ein bißchen nachzuhelfen. Wie's funktioniert, verraten wir hier.

Sirene H. Druden
Friederun Pleterski (Hg.)/Renate Habinger
Verzaubern und Verführen
Die kleine Hexenküche für zwei

160 Seiten. Mit zahlreichen Farbphotographien und Illustrationen.
Format 20 x 28 cm, ISBN 3-85447-815-1

Die Deutsche Bibliothek -
CIP-Einheitsaufnahme

Wohnen mit allen Sinnen : Leben im Dialog mit der Natur /
Friederun Pleterski. Mit Ill. von Renate Habinger. -
Wien : Brandstätter, 1998 (Edition Grüne Erde)
ISBN 3-85447-814-3

1. Auflage 1998

Die graphische Gestaltung des Werkes sowie der Entwurf des Schutzumschlags
stammen von Peter Manfredini, den Anhang gestaltete Josef Embacher.
Die technische Herstellung oblag Franz Hanns und Josef Embacher,
die Bildrecherche Helmut Maurer und Olivia Taxis.
Die Gesamtherstellung des Werkes erfolgte bei
Grasl Druck & Neue Medien in Bad Vöslau.

ISBN 3-85447-814-3

Christian Brandstätter
Verlagsgesellschaft m.b.H.
A-1080 Wien, Wickenburggasse 26
Telephon (+43-1) 408 38 14
Telefax (+43-1) 408 72 00
E-Mail: books@cbv.co.at